# LA RÉSURRECTION

## DE

# BERGUILLE

SUITE AUX

## LETTRES SUR LA VOYANTE DE FONTET

AVEC LE RÉCIT DE

## L'ÉCLATANTE GUÉRISON DU 2 AOUT 1875

PAR

## V. DE PORTETS

Exortum est in tenebris lumen rectis.
*(Ps. 111.)*

Oculi tui recta videant.
*(Prov.)*

LIBRAIRIE PONTIFICALE

Ancienne Maison Rusand, fondée en 1706

H. PÉLAGAUD & ROBLOT, SUCC<sup>rs</sup>

48, Rue Mercière, 48
à LYON

5, Rue de Tournon, 5
à PARIS

1875

# LA RÉSURRECTION DE BERGUILLE

LYON — IMPRIMERIE AIMÉ VINGTRINIER

# LA RÉSURRECTION

DE

# BERGUILLE

SUITE AUX

LETTRES SUR LA VOYANTE DE FONTET

AVEC LE RÉCIT DE

L'ÉCLATANTE GUÉRISON DU 2 AOUT 1875

PAR

## V. DE PORTETS

*Exortum est in tenebris lumen rectis.*
(*Ps. 111.*)
*Oculi tui recta videant.*
(*Prov.*)

LIBRAIRIE PONTIFICALE
Ancienne Maison Rusand, fondée en 1706

H. PÉLAGAUD & ROBLOT, SUCC<sup>rs</sup>

48, Rue Mercière, 48     5, Rue de Tournon, 5
à LYON     à PARIS

1875

# AVANT-PROPOS

Dans les derniers jours de l'année passée, un personnage qui s'est acquis une certaine célébrité par ses fougueuses prédications contre Fontet, écrivait à un de mes amis que *le 31 décembre, à minuit, Berguille serait morte de sa bonne mort*. Un autre, assez piteusement connu par des écrits où l'injure remplace la raison, a élucubré une brochure intitulée emphatiquement *la leçon de Fontet*, et ce docteur, improvisé sur les bancs d'une école primaire, se permet de moraliser avec une morgue sans pareille tous les partisans de Fontet. Echo de ces détracteurs, une *Semaine catholique* a fait, à son tour, un article pompeux, où elle prétend dire *le dernier mot sur Fontet*, se félicitant hautement d'avoir toujours méprisé ces merveilleuses manifestations. Tous ces illustres ont assisté évidemment aux funérailles de Berguille. Eh bien ! je viens aujourd'hui leur annoncer une grande nouvelle : *Berguille est ressuscitée. Visa est oculis insipientium mori, illa autem est in pace.*

O docteurs, vous vous étes un peu trop pressés de parler, et vos censures retombent lourdement sur vous. Prophète bordelais, vous avez démontré une seule chose, c'est que la charité et l'infaillibilité ne résident pas dans le camp des adversaires de Fontet. Honorable avocat du diable, vous avez mis à nu toute la vanité de vos jugements et toute l'insolence de votre critique. — Revue catholique, vous avez fait voir à vos lecteurs jusqu'où peut aller l'aveuglement de l'intolérance.

Et maintenant, apprenez à votre tour que pour résoudre une question il faut d'abord l'étudier, ce que vous avez tous oublié de faire, apportant dans ce grave problème une légèreté d'examen dont vous rougiriez dans les circonstances ordinaires de la vie ; apprenez encore que les sarcasmes et les injures ne constituent jamais des preuves et ne remplacent pas la science et la logique ; apprenez qu'on ne se moque pas impunément des œuvres de Dieu, et vous pouvez vous flatter d'avoir contrarié, de tout votre pouvoir, ses desseins de miséricorde ; apprenez enfin que chacun doit être jugé d'après ses œuvres, et vous serez bientôt jugés !

Un mot maintenant pour les partisans de Fontet.

Il s'en faut de beaucoup que les événements du premier janvier aient détruit la foi au surnaturel divin dans les manifestations de Fontet. Une foule de personnes, dont j'ai reçu les confidences, sont restées attachées à leur croyance d'une manière inébranlable. Celles-ci n'avaient pas fait comme l'avocat du diable et le prophète bordelais : elles avaient étudié la question, et leur opinion était fondée sur une connaissance sérieuse des événements. De tous côtés me sont venues des sollicitations, m'engageant à continuer le récit que j'ai entrepris dans mes *Lettres sur la Voyante*. Je n'ai pas cru d'abord devoir déférer à ces désirs. Il fallait donner à l'orage le temps de se calmer et aux esprits le loisir de se rasséréner. Quelle voix aurait pu se faire entendre au milieu de ces clameurs passionnées ? Quelle lumière aurait pu percer ces ténèbres volontaires ?

Aujourd'hui le calme est rétabli, je reprends mon œuvre. Je la reprends avec une conviction plus ferme et plus raisonnée que jamais en la divinité des manifestations de Fontet. Je veux ici, dès le début, faire ma profession de foi, pour répondre à ceux qui ont prétendu, sans aucune espèce de preuve, que je ne croyais plus à l'intervention divine dans ces merveilleux événements. C'est une calomnie que les détracteurs de Fontet ont répandue sur mon compte, et je leur en laisse la responsabilité. Ils ont montré par là une fois de plus combien leurs jugements sont peu fondés, et quelle est leur ignorance, pour ne pas dire leur mauvaise foi.

Dans cet écrit, pas plus que dans mes *Lettres sur la Voyante,* je ne prétends imposer à personne mes sentiments. L'Eglise ne s'étant nullement prononcée laisse le champ libre à toutes les doctrines, et je respecte les opinions des autres, à condition qu'on respectera la mienne. J'espère pourtant que les esprits droits, éclairés et impartiaux, ceux qui cherchent sincèrement la lumière et qui ne s'aveuglent pas volontairement, ou ne sont pas aveuglés par les préventions et la vanité, reconnaîtront dans les événements que je vais raconter tous les caractères du surnaturel divin. Au surplus, je ne me pose pas en docteur infaillible, et je suis toujours disposé à revenir sur mon jugement, si l'Eglise décide le contraire. Mais jusque-là je conserverai, avec la liberté de mes appréciations, la foi qu'a fait naître en mon âme l'étude approfondie de la question, et il ne faudra rien moins qu'une décision de l'Eglise pour me l'arracher.

Après ces explications préliminaires, que je crois utiles pour bien éclairer mes lecteurs, je vais entrer en matière.

# LA RÉSURRECTION DE BERGUILLE

SUITE AUX

LETTRES SUR LA VOYANTE DE FONTET

PAR

V. DE PORTETS

### Le premier acte de la résurrection.

Je ne saurais mieux faire, pour commencer, que de rapporter une lettre que j'ai adressée, dans les premiers jours du mois de janvier, à l'*Union du Sud-Ouest*, et que la rédaction de ce journal a refusé de publier. Elle prouvera à mes calomniateurs que je n'ai pas été ébranlé dans ma foi par le défaut d'accomplissement des prédictions de Berguille à la date fixée, et qu'au lendemain même de cette fameuse date, où toutes les espérances semblaient s'évanouir, j'affirmais ma croyance plus énergiquement que jamais. Voici cette lettre :

Le 10 janvier 1875.

Monsieur le Rédacteur,

Que faut-il penser de Berguille et des manifestations de Fontet? Est-ce que tout est fini? Est-ce que nous sommes les dupes d'une mystification diabolique ? Telles sont les questions que m'adressent une foule de personnes désorientées par les derniers événements. Je vais répondre en quelques mots.

Non, tout n'est pas fini. Après une interruption de quelques jours, due à des circonstances que je mentionnerai tout à l'heure, le crucifiement hebdomadaire a recommencé vendredi dernier (8 janvier), et rien ne fait prévoir encore la fin des manifestations.

Non, nous ne sommes pas les dupes d'une mystification diabolique. Pour confondre l'orgueil des uns et éprouver la foi des autres, Dieu a permis une confusion de dates, qui a fait croire à de fausses inspirations, mais la Sainte Vierge vient d'expliquer l'erreur, et tout ce qui ressort de cet incident, c'est la fausse sagesse des sages.

Je reprends mon récit où je l'avais laissé, c'est-à-dire à la manifestation du 18 décembre. J'ai raconté dans ma dernière lettre ce qui s'est passé ce jour-là à Fontet. On touchait alors à la fin de l'année. Les visiteurs anxieux affluaient tous les jours auprès de la Voyante, et leurs discours n'étaient pas de nature à l'encourager. Comme on voyait arriver le terme fixé, et que rien ne faisait prévoir la réalisation des événements prédits, on l'accablait de remontrances désagréables, et on ne manquait pas de lui dire qu'elle était le jouet du diable. Ces discours lui inspiraient de vives inquiétudes. Dans cette perplexité, elle priait avec ardeur la Très-Sainte Vierge de lui venir en aide. La divine mère lui apparut le mardi 22 décembre, vers six heures du matin. Elle portait, contrairement à l'habitude, un grand crucifix noir sur la poitrine. Elle dit à la Voyante : « On prétend que c'est le démon qui vous apparaît; demandez si le démon peut apparaître avec ce signe ? » Puis elle lui rappela un secret qu'elle lui avait confié plusieurs mois auparavant au sujet du maréchal Mac-Mahon, et elle ajouta : « C'est le moment de lui faire connaître ce secret; hâtez-vous de le lui transmettre; il faut qu'il le sache avant le 1ᵉʳ janvier. »

Cette apparition, tout en consolant Berguille, et la rassurant au sujet de l'intervention diabolique, ne laissa pas que de la jeter dans un embarras extrême. Comment faire savoir au maréchal le secret qui le concernait? La Providence lui vint en aide. Un personnage très-recommandable, le comte E....., était venu à Fontet et avait été extrêmement touché de tout ce qu'il y avait vu et entendu. Ne doutant nullement de la divinité des manifestations, il s'offrit à conduire Berguille à Paris. La Voyante hésitait encore, lorsque, le samedi 26 décembre, la Sainte Vierge lui apparut de nouveau et lui dit : « Hâtez-vous de faire ce que je vous ai ordonné, le temps presse. — Mais, bonne mère, reprit Berguille, comment voulez-vous que j'accomplisse vos ordres? Donnez-moi les moyens de faire ce que vous attendez de moi. » La Sainte Vierge se prit à sourire et disparut sans répondre.

Il fut alors décidé que Berguille partirait pour Paris avec le comte E.... Dans la nuit, préoccupée de cette pensée, elle se leva pour prier. Pendant qu'elle était en prière, Notre-Seigneur lui apparut et lui dit : « Ma fille, rassurez-vous, c'est une épreuve que ma mère vous envoie; partez sans retard, et ne vous enorgueillissez pas de la mission de miséricorde que je vous confie. »

Berguille partit le dimanche 27 décembre, dans la soirée. Dès son arrivée, le comte E..... demanda une audience au maréchal Mac-Mahon. Il fut répondu que le maréchal ne pouvait pas accorder d'audience avant le 2 janvier, parce que tous ses moments étaient retenus. Alors Berguille se décida à confier le secret au comte E....., qui le transmit par écrit au maréchal. Puis, elle repartit pour Fontet, où elle arriva le 1er janvier.

Inutile de dire le désappointement général, lorsqu'on vit arriver cette date, en constatant que les prédictions de Berguille ne s'étaient pas réalisées. Les fervents de Fontet devinrent tièdes; les simples croyants devinrent incrédules; quant aux adversaires, ils firent des gorges chaudes et s'égayèrent très-fort, en proclamant le triomphe du diable. Tout l'enfer en tressaillit de bonheur, et le diable en rit encore.

Mais les joies diaboliques ne sont pas de longue durée. Voici que la Sainte Vierge est revenue, et les adversaires de Fontet commencent à reprendre le sérieux. Il s'en allait temps, le rire menaçait de les étouffer.

Donc, Berguille a subi, vendredi dernier, son crucifiement hebdomadaire, interrompu par son voyage de Paris. Elle l'a subi seule, c'est-à-dire loin des regards étrangers à la famille. Car M. le curé de Fontet, jugeant que la mission publique de Berguille est finie, lui a défendu de recevoir désormais les visiteurs chez elle aux jours des manifestations, et la Voyante obéit scrupuleusement. Notre-Seigneur lui a donné lui-même la sainte communion, et lui a remis la croix, comme dans les manifestations précédentes. Depuis le 1er janvier, la pauvre Berguille, désolée, abandonnée, pour ainsi dire, de Dieu et des hommes, et ne sachant que penser, avait demandé à Notre-Seigneur de lui imposer, s'il le fallait, les plus rudes souffrances, mais de l'éclairer dans sa voie, et elle se levait toutes les nuits pour réciter le chapelet à cette intention. Notre-Seigneur a exaucé sa prière. Vendredi, elle a souffert cruellement. Elle a eu à subir, comme épreuve nouvelle, la douleur que causa au Sauveur la douleur produite par la croix sur son épaule sacrée pendant le trajet du Calvaire. Ce fut la plus grande et c'est la moins connue des souffrances que le Sauveur eut à subir dans sa passion, ainsi qu'il l'a révélé à saint Bernard, et il a promis des grâces toutes spéciales à ceux qui honoreraient cette plaie. Le crucifiement, commencé vers une heure, n'a fini qu'à trois heures et demie. Mais les douleurs de Berguille ont reçu de bien douces compensations. Notre-Seigneur l'a consolée, en lui expliquant le mystère des persécutions qu'elle endure et qui la rendent semblable au divin crucifié.

Après le crucifiement, la Sainte Vierge lui est apparue, comme dans les précédentes manifestations. Elle lui a révélé pourquoi les événements ne s'étaient pas accomplis à l'époque prédite. « Vous vous êtes trompée sur la date, lui a-t-elle dit, parce que vous avez mal interprété mes paroles; cependant ce n'est pas votre faute. Si j'avais parlé à une personne instruite, elle n'aurait pas commis cette erreur. Mais j'ai permis tout cela pour vous éprouver ; ne craignez rien, je ne vous abandonnerai pas. J'ai voulu aussi éprouver la foi des croyants ; bien peu ont résisté à l'épreuve ; ceux-là seront récompensés. » L'erreur de Berguille ne porte, du reste, que sur la date des événements et non sur les événements eux-mêmes, qui s'accompliront comme ils ont été annoncés. On comprendra sans doute plus tard le mystère. En attendant, que les croyants de Fontet se rassurent, et que les adversaires mettent une sourdine à leur bruyante jubilation : nous ne sommes pas encore au bout (1).

J'écrivais cette lettre au 10 janvier ; six mois se sont écoulés depuis, et les manifestations conti-

---

(1) Voir la note V à la fin du volume.

nuent, malgré les partisans du diable qui avaient hâte d'en finir avec Berguille ; j'avais raison de dire : « Nous ne sommes pas encore au bout. »

Non-seulement les manifestations continuent, mais elles prennent chaque jour un caractère plus merveilleux et plus divin. Je n'aurai pas besoin, pour le démontrer, de recourir à de longues dissertations ; je me contenterai d'exposer simplement les faits, laissant aux esprits droits et sincères le soin de tirer les conséquences. Quant à ceux qui ferment obstinément les yeux à la lumière, je leur répèterai les paroles d'une religieuse Clarisse, morte en odeur de sainteté, qui, suivant la *Revue franciscaine*, apparut au mois d'août dernier, pour annoncer aussi les châtiments qui nous menacent : « Malheur aux incrédules ! (1) »

Plus nous aurons abusé des grâces de Dieu, plus nous serons gravement punis. Ne faut-il pas s'effrayer de l'aveuglement général ? Dieu s'efforce de nous sauver par tous les moyens que lui suggère sa miséricorde infinie et que lui suggère aussi la tendresse inépuisable de Marie. Il nous prévient par des voix prophétiques ; il place sous nos yeux le tableau des terribles châtiments qui nous attendent ; pour mieux attirer notre attention et toucher nos cœurs, il produit des manifestations surnaturelles dont l'éclat dépasse tout ce qu'on a vu jusqu'ici ; la Sainte Vierge descend familièrement vers nous, pour nous ramener au bien ; Notre-Seigneur lui-même renouvelle tous les vendredis, sous nos regards, le spectacle de sa passion ; et tous ces avertissements, toutes ces sollicitations de l'amour divin et de la tendresse maternelle de Marie, au lieu de toucher les hommes et de les convertir, ne

---

(1) Voir la note I à la fin du volume.

font qu'exciter leurs railleries et les endurcir dans le mal. On trouve un malin plaisir à nier la divinité des manifestations surnaturelles et on en fait honneur au diable, comme si nous avions quelque chose à gagner dans l'hypothèse de l'intervention diabolique. Plutôt que d'attribuer ces faits merveilleux à l'action divine, on admet des suppositions plus invraisemblables et plus absurdes les unes que les autres, tant on a horreur de la vérité ! Que pouvons-nous attendre, après avoir ainsi abusé de la miséricorde céleste ?

C'est ainsi que se conduisaient les hommes à l'époque de Noé. Ce saint patriarche ne cessait, d'après les ordres de Dieu, de les avertir et de les exhorter à la pénitence ; ils méprisaient ses conseils et tournaient son arche en ridicule. Mais, un jour vint où les cataractes du ciel s'ouvrirent, et tous les ricaneurs furent engloutis sous les eaux du déluge. N'avons-nous pas à craindre un sort semblable pour notre génération ? Ce ne sera peut-être pas un déluge d'eau qui l'engloutira, quoique nous ayons fait déjà une triste expérience des inondations ; ce sera un déluge de sang. On ne méprise pas en vain la voix de Dieu, et, lorsqu'on rejette sa miséricorde, on n'a plus qu'à attendre sa justice.

Il s'en faut de beaucoup, du reste, je dois le dire, que les manifestations de Fontet aient été jusqu'ici inutiles. Elles ont provoqué déjà bien des prières et des actes nombreux de pénitence. Mais ce sont des cas beaucoup trop restreints ; la généralité des hommes reste insensible et incrédule. Puisse cet écrit ramener les esprits aux idées sérieuses, et leur inspirer, avec le sentiment vrai du péril imminent que nous courons, le désir sincère de le conjurer par la prière et la pénitence, seule voie de salut laissée à nos prévarications !

Je vais passer en revue successivement les différentes manifestations de Fontet, dans l'ordre de leurs dates, en indiquant avec soin les faits qui, par leur importance ou leur nouveauté, méritent de fixer l'attention de mes lecteurs. Je me bornerai en général à reproduire les notes que j'ai prises, au fur et à mesure que les manifestations avaient lieu.

Que la Reine immaculée des anges, Notre-Dame de Fontet, veuille bien m'assister dans l'accomplissement de cette œuvre, entreprise pour sa gloire, comme elle en a inspiré l'idée et encouragé les débuts !

## Manifestation du 15 janvier.

Berguille a subi ce jour-là le crucifiement comme à l'ordinaire. Il n'y avait qu'un témoin étranger, le regretté M. Girard, directeur de la *Terre-Sainte*, qui est allé depuis recevoir au ciel la récompense de ses bonnes œuvres et de son dévouement à la Vierge immaculée. Il avait été admis dans la chambre miraculeuse, grâce à une autorisation spéciale de l'archevêché de Bordeaux.

Le crucifiement a duré de midi et demi à trois heures. Berguille n'a rien divulgué de ce qu'elle a vu et entendu. M. le curé de Fontet, qui est son directeur spirituel, lui a défendu de parler, et elle obéit. La Sainte Vierge a béni les objets de piété en grand nombre qui se trouvaient sur le lit. Elle a ordonné à Berguille de lui présenter en particulier une relique de la Terre-Sainte, appartenant à M. Girard. Cette relique était confondue avec les autres objets ; Berguille l'a cherchée à tâtons, l'a saisie sans la voir, et l'a présentée à la Sainte Vierge, qui a daigné la toucher. Ce fait a vivement ému le pieux directeur de la *Terre-Sainte.*

## Manifestation du 22 janvier.

Le crucifiement a eu lieu avec les caractères ordinaires. Après la communion mystique, Notre-Seigneur et la Sainte Vierge ont apparu simultanément à la Voyante, et l'ont beaucoup consolée. Alors Berguille, suivant le conseil d'une sainte religieuse, a prié la Sainte Vierge de vouloir bien faire un signe de croix et un acte d'amour de Dieu, pour prouver que c'était bien elle et non pas le démon qui apparaissait. Aussitôt Notre-Seigneur et la Sainte Vierge se sont signés; puis Marie s'est mise à genoux au pied de la croix que le Sauveur tenait devant lui, et elle a fait, à haute voix, une magnifique prière, dont Berguille n'a pu se rappeler exactement tous les termes.

La divine Mère a daigné répéter cette prière dans plusieurs autres apparitions, et Berguille a fini par la réciter elle-même à haute voix pendant l'extase du 14 mai. Elle a été prise tout entière, dans cette circonstance, pour ainsi dire, sous sa dictée; on la trouvera plus loin. On ne saurait exprimer en termes plus ardents l'amour de la Croix, et ce document suffirait pour démontrer le caractère divin des manifestations.

## Manifestation du 29 janvier.

Le comte E..... était le seul étranger présent. Il avait été admis par autorisation spéciale de M. le curé de Fontet. Il a vu, pendant la communion mystique, l'hostie sur la langue de Berguille. (On compte aujourd'hui plus de cinquante personnes qui l'ont vue dans différentes apparitions ; dans celle du 9 juillet, l'hostie a été vue par quatorze personnes à la fois.) Le comte E..... a voulu soumettre à l'épreuve la brochure de M. Chauliac ou Clauchai-Larsenal, intitulée : *La Leçon de Fontet*. Pendant que Berguille était dans l'extase, il a déposé dans sa main cette brochure. Aussitôt Berguille l'a jetée par terre avec une sorte d'indignation. Le comte E..... l'a ramassée et l'a présentée de nouveau à la Voyante, qui a témoigné par des gestes énergiques qu'elle ne voulait pas la recevoir. Après le crucifiement, Berguille, donnant l'explication de ce fait, a dit que la Sainte Vierge lui avait ordonné de repousser l'objet qui lui était présenté. Décidément la Sainte Vierge n'admet pas la leçon de M. Chauliac. Le diable sera peut-être plus indulgent pour son avocat.

## Manifestations du 5 février au 12 mars.

Pendant la période qui s'est écoulée entre le 5 février et le 12 mars, le crucifiement a continué tous les vendredis, avec les caractères accoutumés. Le public a été rigoureusement exclu ; Berguille, docile aux ordres de son directeur, n'a rien dit ; et l'on ne connaît aucun fait qui mérite d'être signalé.

Je dois mentionner cependant le fait suivant, qui s'est produit dans l'apparition du 12 février. Ce jour-là, Berguille était seule ; les membres mêmes de sa famille, occupés aux travaux extérieurs, avaient tous quitté la chambre miraculeuse. Comme personne n'était là pour faire passer à Berguille les objets de piété qui devaient être présentés à la Sainte Vierge, la divine Mère, dans son extrême condescendance, a daigné se déplacer pour les toucher et les bénir.

Pendant cette période, Berguille a d'autant plus souffert, qu'elle n'était pas soutenue dans son crucifiement par les prières des assistants. Sa plus grande souffrance est occasionnée par la plaie de l'épaule.

## Manifestation du 19 mars.

Cette manifestation a commencé vers une heure et s'est terminée vers trois heures et demie. Notre-Seigneur, la Très-Sainte Vierge et Saint Joseph ont apparu simultanément à Berguille pendant toute la durée de la manifestation. C'était le jour de la fête de Saint Joseph ; cette circonstance explique la présence du bienheureux patriarche. La Voyante a d'abord reçu la sainte communion de la main même du divin maître, puis le crucifiement a commencé, précédé du chemin de la croix. Berguille a parcouru successivement les six premières stations du Calvaire, s'arrêtant à chaque station, pour écouter les paroles du Sauveur. A la septième, Saint Joseph a voulu se charger de la croix, de sorte que Berguille a pu continuer sans souffrances la voie douloureuse.

A un moment, Berguille s'est écriée : « Oui, oui, je vous le promets. » Elle répondait ainsi à Saint Joseph, qui lui demandait une neuvaine en son honneur avant la fin du mois. Saint Joseph s'est plaint, à cette occasion, de ce qu'on ne l'honorait pas assez, de ce qu'on n'avait pas assez recours à lui par la prière, ajoutant qu'on se privait par là de beaucoup de grâces.

Un moment après, Berguille a repris à haute voix : « Ah ! Saint Joseph, je vous remercie de m'avoir aidée à porter ma croix ; vous avez bien diminué mes souffrances ; j'aurais dû souffrir cependant pour mes péchés..... Il faut prier pour la conversion des pécheurs..... Pauvre France !... Prions pour la France..... Oh ! protégez-la, Saint Joseph. (Saint Joseph a promis de la protéger)... Protégez-nous !..... Bénissez-nous ! (Saint Joseph a béni alors les assistants)... O Sainte Famille !... O Sainte Famille !..... Pardonnez-leur, Seigneur, car ils ne savent ce qu'ils font. »

Toutes ces paroles ont été prononcées à haute et intelligible voix, et toutes les personnes présentes les ont entendues parfaitement. Berguille paraissait dans le ravissement, et des larmes de bonheur coulaient de ses yeux. Elle jouissait des splendeurs de la céleste patrie. Aussi, après l'extase, n'a-t-elle pu s'empêcher de s'écrier, en portant ses regards autour d'elle : « Oh ! comme tout est sombre ici ! Comme tout est laid ! Quelle différence avec le ciel ! »

Notre-Seigneur a daigné bénir et toucher différents objets de piété. Sur la demande de Berguille, la Sainte Vierge a dit, en souriant et regardant Notre-Seigneur, que les apparitions de Mourens étaient divines, et que le curé de la paroisse saurait plus tard quel est celui qui apparaît à Seconde (1).

Saint Joseph a promis sa protection à plusieurs personnes qui lui ont été recommandées. Puis, la Sainte Famille a fait le tour de la chambre

---

(1) Voir la note II à la fin du volume.

miraculeuse, comme pour prendre possession de ces lieux bénis, et l'apparition s'est évanouie.

Berguille dit que les manifestations vont prendre sans tarder un nouveau caractère, encore plus remarquable que par le passé. Il est à présumer qu'elle suivra la trace de sa sœur spirituelle, Marie Julie, la stigmatisée de Blain, laquelle fait tous les vendredis le chemin de la Croix autour de sa chambre, en prononçant des paroles à haute voix. Car non-seulement Berguille a parlé à haute voix durant l'extase, mais elle a été sur le point de quitter son lit. « Elle voulait se lever, a-t-elle dit, et se mettre à genoux pour honorer la Sainte Famille. »

Saint Joseph était environné d'une lumière éclatante; il tenait à la main le lis symbolique; une bonté ineffable brillait sur ses traits. Il ne portait pas le costume grossier du voyageur ou de l'ouvrier, qu'il se plaît à revêtir quelquefois : son vêtement était d'un éclat éblouissant; il apparaissait dans sa gloire. Jésus et Marie semblaient l'entourer des plus aimables prévenances. « Oh ! qu'il est heureux, Saint Joseph ! s'écrie Berguille à ce souvenir, mais aussi qu'il est aimable ! Oh ! le bon Saint Joseph ! »

Bienheureux patriarche, patron de l'Eglise universelle, notre protecteur et notre père, veillez sur nous et sauvez-nous.

---

## Manifestation du 26 mars.

Nous sommes arrivés au Vendredi-Saint. C'est l'anniversaire du jour où Berguille a subi pour la première fois le crucifiement mystique ; il y a déjà un an qu'elle est associée aux souffrances du Sauveur. Pendant cette longue période, le crucifiement mystique s'est produit régulièrement tous les vendredis, excepté le jour de Noël et le jour du premier janvier. L'exception de Noël s'explique facilement, au point de vue surnaturel, par la nature même de la fête. Notre-Seigneur n'a pas voulu que ce jour, qui est un sujet de joie pour l'univers entier, fût une cause de souffrances pour sa Voyante. Quant à la seconde exception, elle résultait forcément de la position de Berguille au premier janvier. Mes lecteurs doivent se rappeler qu'elle a passé ce jour-là en voyage.

La manifestation du 26 mars a commencé à une heure moins un quart et a duré jusqu'à deux heures et demie. Elle a présenté deux phases distinctes.

Dans la première, Berguille, les yeux largement ouverts et les mains jointes, semblait suivre du regard un spectacle mystérieux. Trois fois sa tête a été projetée brusquement sur son lit, à des intervalles réguliers d'environ dix minutes, comme si elle eût simulé une chute. Chaque prostration a duré environ deux minutes. Dans cette première phase, qui s'est terminée au bout d'une demi-heure, Berguille faisait d'une manière mystique le chemin de la croix.

Dans la seconde phase, elle a subi le crucifiement. Elle a étendu ses bras en croix, comme à l'ordinaire ; ses membres offraient la rigidité habituelle ; les stigmates étaient peu apparents. Cependant on remarquait à la paume de chaque main des cavités assez profondes, surtout du côté gauche ; le pied gauche présentait aussi une double cavité fort apparente. Mais ce qui a donné à cette manifestation une importance toute particulière, ce sont les paroles que Berguille a prononcées par intervalles, à haute et intelligible voix durant le crucifiement. Ce phénomène était nouveau, car jusqu'à ce jour Berguille n'avait fait entendre que quelques mots rares dans le cours de l'extase. Le 26 mars, on a recueilli vingt et une phrases ou membres de phrases prononcés d'une manière très-distincte. Je vais les transcrire ici, dans l'ordre même suivant lequel ils ont été prononcés et recueillis :

1° Mon adorable Jésus, faites que je supporte cette soif.

2° Ayez pitié de nous, Seigneur.

3° Ma bonne mère, quelle douleur, quelle résignation au pied de la croix !

4° O ma bonne mère, je voudrais vous aider à souffrir.

5° Seigneur, mon Dieu, quelle terrible scène !

6° Faites, ma bonne mère, c'est le moment de la mort.

7° Je serai toujours pour vous, ô ma bonne mère;

8ᵉ Intercédez toujours pour nous auprès de votre divin fils.

9° Je ne suis pas digne, mais je vous demande cette grâce.

10° Obtenez-nous cette grâce, nous prierons.

11° O ma bonne mère, c'est la plus indigne de vos enfants qui vous demande cela.

12° On ne se convertit pas.

13° Oui, pour les pécheurs.

14° Oui, pour cette pauvre France.

15° Oui, bonne mère, nous ferons pénitence.

16° O Marie-Julie, je vous demande de prier pour moi.

17° Oui, pour cette pauvre enfant... donnez-moi cette grâce.

18° Bénissez-nous, Seigneur.

19° Sainte Jeanne, qui êtes sa patronne, intercédez pour elle.

20° Vous connaissez la douleur d'une mère, intercédez pour elle.

21° Sainte mère, bénissez-nous.


Chacun de ces membres de phrase était suivi d'un long silence ; mais on voyait au mouvement des lèvres que le dialogue mystérieux continuait.

Les mots entendus peuvent être considérés comme des fragments détachés du colloque que Berguille entretenait tour à tour dans son extase avec Notre-Seigneur et la Sainte Vierge. Ils permettent de suivre jusqu'à un certain point le sens de ce divin entretien et de pénétrer les sentiments intimes de la Voyante. Ce qui ressort tout d'abord de ces paroles, c'est sa profonde humilité, c'est son amour ardent et dévoué pour Notre-Seigneur et sa sainte mère, c'est sa résignation dans les souffrances. On voit aussi qu'elle remplit parfaitement son rôle de victime expiatoire et suppliante pour les péchés des hommes, et en particulier pour la France. Mais toutes ces vertus et ce rôle admirable ressortiront encore davantage dans les manifestations suivantes.

Deux phrases méritent une explication spéciale: ce sont celles où il est question de Marie-Julie et de sainte Jeanne.

Marie-Julie est une jeune fille, voyante et stigmatisée comme Berguille, qui réside aux environs de Blain dans le département de la Loire-Inférieure. Elle subit aussi le crucifiement mystique tous les vendredis; elle est, pour ainsi dire, la compagne ou la sœur de souffrances de Berguille. Par un privilége tout à fait singulier, ces deux victimes de l'amour divin communiquent entre elles pendant le crucifiement; elles se voient, elles s'entendent et se parlent réciproquement. On verra souvent, dans la suite de ce récit, Berguille adresser la parole à Marie-Julie pendant l'extase.

Quant à sainte Jeanne, c'est la patronne d'une jeune fille malade, à laquelle Berguille s'intéresse et qu'elle a recommandée, le 26 mars, à la Très-Sainte Vierge. Berguille accomplissait par là une œuvre de charité d'autant plus méritoire qu'elle avait beaucoup à se plaindre des parents de cette jeune fille. On verra dans la suite que si elle prie beaucoup pour ses amis, elle prie encore plus pour ses ennemis, mettant ainsi en pratique d'une manière admirable les leçons du Calvaire.

Pendant la manifestation du 16 mars, Berguille a beaucoup pleuré, en union avec la Très-

Sainte Vierge, qui versait d'abondantes larmes . Une personne présente ayant voulu essuyer son visage, Berguille a interrompu par un geste ce pieux office. Après l'extase, elle a expliqué sa conduite, en disant que personne n'essuyait les larmes de la Très-Sainte Vierge. Inutile de faire ressortir toute la délicatesse de ce sentiment.

En dehors des explications que Berguille donne aux personnes présentes sur les incidents des manifestations, on ne peut obtenir aucun éclaircissement sur la scène mystérieuse qui a lieu pendant l'extase. Un témoin oculaire m'écrivait à ce sujet : « Malgré mon vif désir de savoir, il m'a été impossible d'obtenir aucune réponse de Berguille. Elle ne saurait observer plus fidèlement l'ordre de son directeur, qui lui a défendu de parler. Elle m'a témoigné son regret de ne pouvoir rien me dire ; mais elle veut toujours obéir à tout ce que lui dira son directeur. C'est admirable. »

## Manifestation du 2 avril.

L'extase a commencé à 1 heure 13 minutes et a duré jusqu'à 3 heures et demie. Une seule personne était présente; elle a recueilli, séance tenante et minute par minute, les paroles de Berguille. La Voyante a reçu la sainte communion, comme à l'ordinaire, mais le témoin n'a pas vu l'hostie. Ensuite elle s'est assise sur son lit, les mains jointes et les yeux tournés vers la cheminée. Peu après, elle est tombée la face sur le lit, et elle est restée dans cette position environ deux minutes. A 1 h. 26 m. même prosternement. A peine relevée, elle s'est mise à genoux sur le lit et a tourné lentement sur elle-même du côté gauche. Elle était haletante, inondée de sueur, et paraissait porter un énorme poids sur l'épaule gauche, qu'elle tenait plus baissée que l'autre. Enfin elle est tombée une troisième fois; mais, s'étant bientôt relevée, elle a continué de tourner, en regardant de temps en temps derrière elle.

A 1 h. 50, revenue dans sa position primitive, elle s'est étendue sur la croix. Pendant le crucifiement, elle a prononcé des paroles que je vais faire connaître, avec l'heure exacte où chacune d'elles a été dite. Elles permettent de suivre à peu près la scène mystique qui s'est accomplie, durant l'extase, loin des regards profanes. Voici ces paroles :

2 h. 30. — O saint François de Paule, intercédez pour nous ; c'est aujourd'hui votre jour (c'était la fête du saint). Vous qui avez sauvé tant d'âmes, qui avez été un grand confesseur, priez pour le souverain pontife.

2 h. 40. — Quelle boisson ! quelle boisson, mon Dieu !

2 h. 50. — Oui.

2 h. 58. — De grâce, Jésus, oh ! de grâce, accordez-leur pour votre plus grande gloire.

3 h. — Oh ! oui, Seigneur, nous vous aimerons, nous ne vous renierons plus.

3 h. 1. — Oh ! que vos plaintes sont amères !... Oui, Seigneur, convertissez-les, vous le pouvez.

3 h. 12. — O Marie !

3 h. 15. — O Marie-Julie, vous qui me prenez pour votre sœur, je veux être votre sœur ; vous qui vous réjouissez de souffrir avec Dieu, je me réjouis de souffrir avec vous. — O Seigneur, bénissez-nous.

3 h. 18. — Oui, Seigneur, bénissez-nous tous. (Elle fait le signe de la croix.)

3 h. 20. — Oh ! oui, bonne mère, je vois couler vos larmes.

3 h. 23. — Oui, nous prierons pour les prêtres. Oh ! que de menaces ! (contre eux). Oh ! que de sang qui coule ! Oh !... (signe de croix).

A 3 h. 25, Berguille a présenté divers objets à bénir ; à 3 h. 30, l'extase a cessé.

## Manifestation du 9 avril.

Cette manifestation a commencé à 1 heure et s'est terminée à 3 heures 20. Berguille a parlé non-seulement pendant le crucifiement, comme les autres vendredis, mais aussi pendant le chemin de la croix, qu'elle a fait d'ailleurs, comme la dernière fois, à genoux sur le lit, en subissant trois chutes dans le parcours.

Voici les paroles qu'elle a prononcées. On n'a pas précisé les moments où les premières ont été dites :

Je te salue avec respect et amour, ô croix de notre Sauveur. — Oui, s'ils ont leur croix, je veux aussi la porter. (Elle parlait des pécheurs.) Oui, ma bonne mère, j'intercéderai pour eux au pied de la croix. — Oui, Seigneur, oui, je veux souffrir avec vous ; jamais je ne quitterai cette croix.—Oui, mon Dieu, je veux vous suivre toujours. — Vous m'avez encouragée, je vous en remercie. — Mon Dieu, pardonnez-leur. —Oui, Seigneur, que votre volonté se fasse.

1 h. 45. — Oui, Seigneur, accordez-lui par le le mérite de vos souffrances.

1 h. 50. — Oui, Seigneur, je veux souffrir. Oui, Marie, je veux être victime et souffrir avec Jésus. — Oh ! mon Dieu, c'est un pécheur, mon Dieu !

1 h. 7. — (Elle tombe sur le lit.)

2 h. 10. — Oui, ma bonne Mère, nous prierons, oui, intercédez pour eux... Plus de sang qui coule...

Oui, intercédez pour eux... Oui, ce sont les disciples ou les serviteurs de votre Fils.

2 h. 12. — Oui, Seigneur, vous vous laisserez toucher par nos larmes... Oui, Seigneur, faites que votre justice passe loin de nous ou convertissez-les... Oui, nous ferons pénitence, oui, nous prierons pour eux... Oui, je vous le demande au nom du Souverain Pontife, au nom de l'Eglise... Protégez-le, Seigneur, conservez-le toujours... Oui, Seigneur, donnez-lui les grâces et les lumières dont il aura besoin... Oui, Seigneur, pour votre plus grande gloire... Oui, Seigneur, nous sommes indignes.

2 h. 18. — O Sainte Vierge, ô ma bonne Mère, intercédez pour la France, pour la sainte Eglise... Oui, pour ses ministres... Protégez-les, Seigneur, donnez-leur la foi; qu'ils ne succombent jamais; qu'ils se résignent à être martyrs.

2 h. 20. — O bienheureux saints et saintes, qui êtes si heureux, vous qui avez été pécheurs comme nous, qui avez été si grands devant Dieu, oui, vous avez bien souffert sur la terre. (En ce moment elle voyait une grande foule de saints et de saintes.)

2 h. 25. — O bienheureuse Marguerite-Marie, vous qui avez été choisie par Notre-Seigneur... Je vais les montrer, au nom du Sacré-Cœur. (En disant ces mots, elle a élevé et présenté à Notre-Seigneur un paquet renfermant des gravures, où se trouvaient les promesses de Jésus-Christ à Marguerite-Marie. Berguille ignorait complètement le contenu de ce paquet)... Oui, c'est par ce sacré cœur que vous nous avez tant aimés, et que je voudrais faire aimer.

2 h. 30. — Bien oui, Seigneur, je vous le demande au nom du Sacré-Cœur.

2 h. 48. — Oui, vous êtes bien la mère de douleur... O Sainte Vierge, ma bonne Mère, je ne puis assez vous remercier de cet acte d'amour... Je vous demande bien pardon... Quelle reconnaissance ne vous dois-je pas! Quel acte d'amour au pied de la

croix de votre divin Fils ! (Il s'agit ici de la prière que la Sainte Vierge a récitée, le 22 janvier, sur la demande de Berguille. Elle l'a récitée de nouveau, pour la cinquième fois dans l'apparition du 9 avril.) Oui, Seigneur, je veux la baiser, cette croix... Oh ! oui, je la presse contre mon cœur... Que votre volonté soit faite sur la terre comme au ciel. Ainsi soit-il... Oui, je vous demande bien pardon, ô ma bonne Mère.

2 h. 55. — O ma bonne Mère, vous qui versez tant de larmes pour nous... oui, surtout pour nos péchés.

2 h. 56. — Oh ! que je voudrais avoir mille cœurs pour vous faire aimer... Oui, Seigneur, je vous le demande, si ça doit lui être utile pour son salut et et votre gloire... Oui, Seigneur, vous connaissez sa faiblesse.

3 h. 3. — Sainte Vierge, priez pour nous... Oui, Seigneur, ôtez le voile qui vous couvre, montrez-leur que vous êtes leur Dieu. Ils ne diront plus que vous n'existez pas.

3 h. 10. — O Seigneur, que vos plaintes sont toujours amères !... Oh ! que vous êtes bon, mon Dieu, de me montrer cette chère enfant (sa fille)... Prie bien pour ta famille, mais surtout pour ton dernier confesseur... Oh ! non je ne pleure point pour toi... oui, pour ton père, pour tes frères.

3 h. 15. — Oui, nous chanterons le *Te Deum*, en actions de grâces, oui, Seigneur... Bénissez-nous tous, mais en particulier celui qui a mission de diriger... Sainte Vierge, ne nous abandonnez pas, vous qui êtes la consolation des pécheurs. Reine immaculée des Vierges, Reine des anges, venez à notre secours dans ce moment si douloureux que nous traversons. Bénissez-nous.

Berguille, pendant son extase, entre en communication non-seulement avec Notre-Seigneur et la Très-Sainte Vierge, mais encore avec les saints et saintes du ciel, surtout ceux dont l'Eglise célèbre la fête au jour de l'apparition. Il lui a été donné plusieurs fois de voir sa fille au milieu des Bienheureux, et de s'entretenir avec elle. La bonté divine a voulu encore lui ménager cette consolation, dans ses cruelles souffrances, pendant la manifestation du 9 avril.

## Manifestation du 16 avril.

L'extase a commencé à 1 h. 20 et s'est terminée à 3 h. 26. Mêmes caractères généraux que dans la manifestation précédente. Berguille a prononcé les paroles suivantes :

1 h. 43. — Soutenez-moi, Seigneur, et vous, ô divine Marie, qui avez été la première à nous enseigner cette route... Oui, Seigneur, je m'abandonne entièrement à vous. Otez tout ce qui pourrait mettre obstacle à votre règne dans mon cœur... Oh ! oui, que cette croix me serve à me rapprocher de vous !

1 h. 45. — Oh ! oui, détachez-moi de tout le reste !

1 h. 50. — Oui, Seigneur, ce sont nos péchés qui vous ont causé ces chutes... Oh ! oui, pardonnez-nous, Seigneur ; faites que votre justice s'éloigne de nous ; je vous le demande par le mérite de vos souffrances.

1 h. 53. — Oh ! quelles actions de grâces ne vous devons-nous pas, Seigneur !... O Marie-Julie, remerciez-le avec moi d'être choisie...

1 h. 56. — Oui, Seigneur, oui, faites-leur grâce... Seigneur, oui, à tous vos plus grands ennemis.

1 h. 58. — O bienheureuse Madeleine, vous qui avez le bonheur de baiser les pieds de Notre-Seigneur, priez pour nous... Oui, Seigneur, donnez-moi la force de supporter cette troisième chute ; je veux la faire avec vous.

2 h. 1. — Oui, Seigneur, je le vois, ce tableau, où vous avez été attaché... Mère chérie, quelle douleur !

2 h. 3. — Oh ! quelle soif, Seigneur !... Oui, Seigneur, pardonnez-leur, ils ne savent ce qu'ils font ; pardonnez-leur, Seigneur.

2 h. 11. — Oui, Sainte Vierge !... Oui, c'est là qu'a expiré votre Fils.

2 h. 12. — (Le crucifiement commence.) Oui, Sainte Vierge, intercédez pour lui.

2 h. 19. — Oui, Seigneur, pour votre plus grande gloire... Oh ! que d'âmes qui vous adorent, Seigneur !

2 h. 21. — Oui, Seigneur, je le demande pour tous.

2 h. 25. Oui, Seigneur, je le demande pour mes amis, mais surtout pour mes ennemis ; pardonnez-leur, Seigneur.

2 h. 28. Oui, Seigneur, protégez-les toujours, protégez-les toujours... Oh ! oui, il faut être bien pur... Oh ! oui, ces mains qui touchent votre corps et votre sang tous les jours... Eclairez-les, Seigneur, donnez-leur les lumières dont ils ont besoin... Non, Seigneur, il n'y aura plus de sacriléges.

2 h. 32. — Oui, Seigneur, vous avez encore des victimes sur la terre. O Sainte Vierge, protégez-la toujours, oui, c'est une de vos enfants.

2 h. 36. — O Sainte Vierge, vous en avez bien versé pour nous.

2 h. 39. — Oui, toujours, pour le chef de la sainte Eglise... Oh ! oui, Seigneur, que vos plaintes sont toujours amères.

2 h. 42. — Oui, Seigneur, je vous la rends, cette croix si douce. Il n'y a qu'un moment que je l'ai eue... Que ces moments sont courts !... Oui, Seigneur, délivrez les âmes qui souffrent dans le Purgatoire ! Qu'elles puissent jouir avec vous...

2 h. 53. — Oui, Sainte Vierge, intercédez pour

elles, ces âmes qui vous ont coûté si cher... Bénissez-nous, Seigneur, oui, bénissez-nous tous !

2 h. 54. Oui, pour cette France... pour les convertir.... Oui, Seigneur, nous prierons pour tout le clergé... Intercédez pour eux... O Sainte Vierge, que de larmes qui coulent ! Oui, ce sont nos péchés qui font couler vos larmes... Convertissez-les tous.

2 h. 59. — Oui, Sainte Vierge, vous êtes sa mère, sauvez-la, intercédez pour elle auprès de votre divin Fils.

3 h. — Oui, pardon pour eux, mon Dieu, je vous demande bien pardon.

3 h. 2. — O bienheureux saints et saintes, qui jouissez de Dieu, ô bienheureux anges, intercédez tous pour nous.

3 h. 6. — Oui, Sainte Vierge, nous sommes tous vos enfants, ne nous abandonnez jamais dans cette vie, mais surtout à l'heure de notre mort.

3 h. 10. — Oui, Sainte Vierge, je suis bien indigne de vous demander cette grâce, accordez-la moi, je vous en supplie, pour votre plus grande gloire.

3 h. 12. — Oui, Seigneur, n'abandonnez pas un pécheur qui vient à vous, oui, qui veut venir à vous.

3 h. 15. — Oui, Seigneur, que votre miséricorde s'étende sur nous tous... Nous vous bénissons, nous vous adorons.

3 h. 20. — (Elle présente les objets à bénir.) Oui, Alleluia, gloire à Dieu, oui, Seigneur... O bienheureuse sainte Thérèse ! (Elle présentait à la Sainte Vierge une relique de sainte Thérèse)... Bénissez-nous, Marie.

## Manifestation du 23 avril.

Le chemin de la croix et le crucifiement se sont produits comme les vendredis précédents. Trois personnes ont pu assister à la manifestation, par autorisation spéciale de l'archevêché de Bordeaux, L'extase a commencé à 1 h. 13 et s'est terminée à 3 h. 35.

Voici les paroles que Berguille a prononcées durant l'extase :

1 h. 34. — O mon Dieu, mon adorable Jésus, que cette croix est pénible et douce !... quand elle est trop pesante, vous la soulagez ; quand elle est trop amère, vous l'adoucissez.

1 h. 40. — Vous l'arrosez de vos larmes et de vos grâces.

1 h. 44. — (Chute.) Oui, il faut recommander la sainte Eglise... Oui, mon Dieu, vous avez pris la sainte Eglise pour votre épouse... O mon adorable Jésus, comme l'Enfer est irrité contre elle !... Oui, Seigneur, ne l'abandonnez pas ; convertissez tous ses ennemis.

1 h. 50. — Oui, Seigneur, vous me montrez saint Georges ; il est son patron ; il a été martyr... priez pour tous... O mon Dieu, avant de faire cette chute, étendez vos bras pour me recevoir, comme vous avez étendu vos mains sacrées pour les laisser percer.

1 h. 55. — O bonne Mère, venez à notre secours ; ne nous abandonnez pas. Je vous le demande par

les souffrances de Notre-Seigneur. (Elle tombe pour la deuxième fois.)

1 h. 57. — Oui, mon Dieu, qui avez bien voulu mourir sur ce bois sacré et y rester trois heures attaché pour nos péchés, qui sont la cause de vos tourments, pardonnez-nous, Seigneur, pardonnez-nous..... Oh! quel sacrifice, mon Dieu! quel cruel sacrifice!... Cette soif si ardente que vous souffrez pour nous, oui, je veux en ressentir un peu ;..... c'est bien la moindre partie que vous nous laissez.

2 h. — Oh! oui, tendre mère, oui, nous pouvons dire que vous êtes atteinte de douleur; oui, *Stabat Mater*.

2 h. 1. — Oui, Marie-Julie, ces épines sont bien tranchantes..... Oh! oui, elle nous la réserve plus haut.

2 h. 5. — Oh! oui, vous arrosez la terre de votre sang, ô chère sœur!... Oui, Seigneur, vous l'avez dit à saint Bernard qu'elle était la plus douloureuse. (Il s'agit de la plaie de l'épaule.)

2 h. 6. — Oh! oui, je m'y soumets, ô sainte Vierge..... Oh! quel dépôt!

2 h. 8. — Oh! oui, quel tourment pour une mère!... Oh! que de bonté, Seigneur, pour vos bourreaux!... Oh! donnez-moi la force, le courage, l'humilité, je vous le demande par le mérite de vos souffrances, et pour votre plus grande gloire.

2 h. 11. — Ne permettez pas, ô mon Dieu, que tant d'âmes soient trompées. Éclairez-les, Seigneur, oui,... pour diriger cette chère patrie.... Oui, préparez-le, Seigneur... Oui, il le fera... Oui, Seigneur, je n'ai pas la force.

2 h. 15. — Oui, Seigneur, étendez vos mains... Je ne veux souffrir que pour vous... Oui, nous offrons toutes nos souffrances pour les pécheurs,... oui, comme les autres victimes.

2 h. 18. — (Crucifiement.)

2 h. 40. — O bienheureux saint Pierre! ô bien-

heureux saint Pierre !... Oh ! bien oui, c'est le Sauveur de la France... Oui, mon Dieu, puisque vous le choisissez... O mon Dieu, je vous le demande.

2 h. 48. — (Elle présente un portrait du Père de Bray.) Oui, par le cœur immaculé de Marie... Oui, c'est un bienfaiteur... Oui, Seigneur, protégez-le toujours, oui, pour votre plus grande gloire.

2 h. 55. — Oui, je voudrais, ma bonne Mère, que tout le monde vît tomber vos larmes ; ils seraient peut-être touchés... Oui, Sainte Vierge, nous vous aiderons à retenir le bras de votre Fils... Intercédez pour eux... Oui, je le crois, que ces moments sont terribles !

2 h. 58. — Eh bien ! Seigneur, pardonnez-leur, oui, je vous en supplie, convertissez-les tous... O Seigneur ! Venir jusqu'ici pour implorer et prier !... Oh ! oui ! vous voulez bien nous guérir ! Oh ! que votre bonté est grande ! que votre miséricorde est infinie !... Oui, Seigneur, vous descendez dans tous les coins de cette misérable terre.

3 h. — Oh ! non, je ne mérite pas... Oh ! oui, si indigne créature !... Oui, je vous le demande, par les promesses faites à la bienheureuse Marguerite-Marie, je vous en supplie, ne nous refusez pas..... Oui, vous voyez qu'elle vous le demande avec moi.

3 h. 2. — Oui, Seigneur, rendez-lui la santé nécessaire. (Il s'agit ici d'une recommandation particulière.)

3 h. 6. — Oui, mon Dieu, accordez-lui cette grâce, si elle n'est pas nuisible à son âme.

3 h. 9. — Oui, toujours pour la sainte Eglise, pour ses ministres... Oui, pour le monde entier... Oui, Seigneur, votre pouvoir est plus grand que tous ceux des hommes sur la terre... Vous le pouvez, mon Dieu.

3 h. 12. — Bénissez-nous, Seigneur, bénissez-nous, je vous en supplie, bénissez-nous tous, bénissez les plus grands pécheurs.

3 h. 16. — Oui, Sainte Vierge, bénissez toutes les âmes qui se recommandent à vous... Oui, protégez-les... Oui, accordez-leur... Oui, je vous le demande encore, intercédez pour eux... Oui, soyez toujours avec nous, surtout à l'heure de notre mort.

3 h. 20. — Oui, je vous le promets pour toujours... Oh! oui, sainte Mère, ne rejetez pas nos prières, exaucez-nous.

3 h. 23. — O bonne Mère, cessez donc vos larmes, oui, nous prierons.

3 h. 25. — Oh! oui, vos plaintes sont douces et amères.

3 h. 29. — O bonne Mère, bénissez-nous; ne refusez pas la bénédiction à des enfants qui vous la demandent. Sainte Vierge, ayez pitié de nous.

3 h. 30. — (Elle présente des objets à bénir.) Oh! c'est assez.

3 h. 35. — Amen.

## Manifestation du 30 avril.

Le 30 avril a été signalé par deux extases extraordinaires. La première a eu lieu de 8 heures du matin à 9 heures ; la seconde, de 1 heure et demie à 9 heures du soir.

Dans l'extase du matin , Notre-Seigneur a révélé à Berguille qu'elle aurait à subir ce jour-là, comme toutes les autres victimes, un redoublement de souffrances, pour atténuer les grands malheurs qui vont arriver. C'est pendant cette extase qu'elle a fait la communion mystique.

L'extase du soir a été beaucoup plus longue qu'à l'ordinaire ; elle s'est prolongée jusqu'à 9 heures. Berguille a prononcé un grand nombre de paroles, que je vais reproduire exactement :

1 h. 38. — Oui, mon adorable Jésus , la voilà cette croix si lourde et si pesante.

1 h. 39. — Oui, Seigneur, ce n'est pas le poids, ce sont nos péchés, surtout les miens.

1 h. 41. — Oui, bonne Mère, donnez-moi beaucoup de larmes.

1 h. 45. — Oui, Seigneur, je vous vois tomber ; ce sont nos péchés qui causent cette première chute, mon Dieu !

1 h. 52. — O mon adorable Jésus, vous voilà arrivé sur le Calvaire.

1 h. 55. — Oui, Seigneur, vous allez subir une seconde chute... Je vous vois étendu par terre...

Comme vous me regardez avec bonté et amour !...
Oui, comme votre cœur bat !... Il bat si fort pour
l'amour des hommes !

1 h. 57. — Oui, Seigneur, vous allez succomber
encore sous ce pesant fardeau.

2 h. — Oh ! que vous êtes doux et patient, mon
Dieu ! Vous semblez me dire de prendre pitié sur
moi-même, oui... O mon adorable Jésus, vous qui
êtes la force des martyrs et des saints, vous avez
assez de force pour me relever. Ah ! relevez-moi
avec vous, Seigneur... Oui, Seigneur, c'est le lieu
du supplice.

2 h. 5. — Et vous, tendre Mère, oui, puique c'est
par vos larmes.....

2 h. 8. — Oui, Seigneur, quelle obéissance à vos
bourreaux ! Vous présentez vous-même vos membres !

2 h. 9. — Et vous, ô divine Marie, vous comptez
tous les coups de Notre-Seigneur !

2 h. 10. — Oui, je les vois, toutes ces pierres ar-
rosées de votre sang, mon Seigneur.

2 h. 11. — Mon Seigneur, vous l'avez baisée avec
amour, cette croix ; je voudrais la baiser moi-
même.

2 h. 13. — (Crucifiement.)

2 h. 50. — L'Eglise aujourd'hui, oui...

2 h. 52. — Oui entièrement.

2 h. 54. — Je ne verrai pas, je n'entendrai pas,
oui.

2 h. 58. — Oh ! c'est huit heures.

3 h. 1. — Oui, quatre heures encore.

3 h. 6. — Oui, mon Dieu, que votre volonté se
fasse, oui... Oui, Seigneur, convertissez-les.

3 h. 9. — O Sainte Vierge, intercédez pour lui...
Oui, mon Dieu, puisque nos souffrances et vos victimes...

3 h. 18. — Oui, je vous le demande pour l'expiation des péchés de tous... Oui, pour la France.

3 h. 19. — Oh ! oui, anges du ciel, étendez vos bras et vos ailes, pour nous secourir tous.

3 h. 20. — Eclairez-les, Seigneur.

3 h. 22. — Oui, Seigneur, je répète ces paroles : Eloignez votre justice, éloignez-là loin de nous... Oui, c'est la ville coupable, oui, protégez-la, Seigneur.

3 h. 34. — Oui, Seigneur, vous me montrez comme elle est malade (la France), ne la laissez pas périr.

3 h. 45. — O Sainte Vierge, je voudrais vous aider à retenir ce bras si irrité contre nous... Si je le pouvais de mes larmes et de mes prières !

3 h. 46. — Ne nous abandonnez pas, Seigneur..... Oui, nous le méritons..... Oui, pauvre Italie !

3 h. 51. — Oh ! oui, Seigneur, elle est bien peu de chose, cette pénitence... Oui, puisqu'il faut obéir... Oui, pour les ministres de la sainte Eglise... Oui, je ne vous demande rien pour moi que l'humilité.

3 h. 52. — Oui, je vous en remercie beaucoup.

3 h. 56. — Oui, Seigneur, puisque je ne dois entendre que le nom de la sainte Eglise.

3 h. 58. — Sainte Catherine (c'est la fête de sainte Catherine de Sienne), intercédez pour elle aujourd'hui.

4 h. — Oui, c'est un bruit sourd.

4 h. 2. — Oui, Seigneur, il s'élance vers vous, pardonnez-lui.

4 h. 10. — Oui, mon Dieu, donnez-moi la force et le courage de la supporter jusqu'à la fin.

4 h. 16. — O Sainte Vierge, intercédez pour nous... Je vois le moment qui approche où notre Seigneur va s'immoler pour nous.

4 h. 34. — Sainte Vierge, je vois bien des contrariétés, bien des épreuves encore. Oh ! faites-les cesser pour votre plus grande gloire.

4 h. 40. — Oui, Seigneur, je le vois, ce cœur adorable, qui nous a tant aimés.

4 h. 45. — Oh ! oui, Seigneur, je vous l'offre par ces terribles souffrances... oui, je vous le demande.

4 h. 47. — O sainte Vierge, intercédez pour nous... Je suis délaissée.

4 h. 48. — Oh ! que de malheurs !... Ayez pitié de nous, Seigneur, Oh ! oui, mon Dieu.

4 h. 54. — Oh ! réchauffez mon cœur, mon Dieu, il se glace.

5 h. 2. — Oui, Seigneur, je le vois...

5 h. 5. — Oui, l'Eglise, oui, je vous le promets... Oui, Seigneur, si c'est votre volonté.

5 h. 7. — Oui, ce n'est que la moindre petite partie.

5 h. 9 — Oui, donnez-moi l'intelligence de comprendre, Seigneur. ·

6 h. 20. — Eloignez de moi, Seigneur, tout ce qui peut m'éloigner de vous... Le démon est bien irrité contre elles, Seigneur. (Palma et Louise Lateau.)

6 h. 25. — Oui, puissions-nous par nos souffrances abréger les maux qui nous menacent !... Oui, Seigneur, oui, plus vous menacez.....

6 h. 33. — Oui, Seigneur, puisque vous voulez que ce soit votre disciple qui me sorte de là, oui, j'attends, oui, j'obéis... à mon directeur.

6 h. 35. — Oui, Seigneur, vous me donnerez le signe... que je puisse comprendre... oui, que je puisse comprendre que c'est lui.

6 h. 42. — Oui, quand il dira : au nom de la sainte Eglise.

6 h. 44. — Oui, votre ministre, Seigneur... Oui, Seigneur, vous redoublez nos souffrances, à cause des maux qui nous menacent... Faites que j'abrége... O Sainte Vierge, ne nous abandonnez pas, intercédez pour nous... O Marie, je vois de ces victimes écrasées sous le poids des souffrances.

7 h. 5. — Oh ! oui, ces anges qui voltigent...
Oui, éclairez-le, Seigneur... Oui, je la ressens, cette
douleur... Oh ! ce côté percé, mon Seigneur !

7 h. 7. — Oui, je vous le demande, de grâce ! oui,
j'offre mes souffrances pour cela, Seigneur.

7 h. 24. — Pardonnez-leur, Seigneur, ils ne savent ce qu'ils font... Oh ! oui , pardonnez-leur
Seigneur.

7 h. 30. — Jésus, miséricorde !

7 h. 45. — (Elle récite l'*Angelus* au moment où
on le sonne.)

8 h. 10. — Oui, Seigneur, pénitence.

8 h. 12. — Oh ! oui, mon Dieu, protégez-le de
votre grâce.

8 h. 24. — Oui, ce n'est qu'au nom de la sainte
Eglise...

8 h. 27. — Seigneur, je m'y soumets.

8 h. 33. — Ayez pitié de nous, Seigneur.

8 h. 40. — Quelle souffrance !

8 h. 41. — Que de menaces !... Pauvre France !...
O Sainte Vierge, oui.

8 h. 50. — (Elle présente une relique de saint
Vincent de Paul.)

8 h. 52. — Bénissez-nous, Seigneur, oui, bénissez-nous tous... Oh ! oui , Marie , obtenez-nous
pendant ce saint mois... Oui, je vous le demande.

8 h. 53. — O Sainte Vierge, ne nous abandonnez
jamais pendant notre vie, mais surtout à l'heure
de notre mort.

8 h. 55. — O Sainte Vierge ! bénissez-nous.

8 h. 58. — (Fin.)

## Manifestation du 7 mai

Cette manifestation a présenté les mêmes caractères généraux que la précédente : mais l'extase a duré encore plus longtemps. Commencée à 1 h. 26, elle ne s'est terminée qu'à 11 heures du soir. Voici les paroles de Berguille :

1 h. 30. — Oui, mon Dieu.

1 h. 38. — Oui, par cette première chute, vous expiez la première faute grave que j'ai faite.

1 h. 44. — Oh ! oui, ô Sainte Vierge, je connais qui peut adoucir vos peines : ce serait nous... Oui, donnez-moi beaucoup de larmes, pour pleurer avec vous.

1 h. 49. — O mon adorable Jésus, plus vous tombez, plus vos chutes sont terribles.

1 h. 52. — Oui, Seigneur, cet étranger qui vous aide... Comment pourrais-je vous refuser moi-même.

1 h. 54. — Oh ! oui ! Seigneur, je la vois, cette couronne qui a déjà transpercé votre front... Oh ! ce cœur qui commence déjà à être martyrisé !

1 h. 55. — O divin Agneau, ce ne serait pas à vous à endurer tous ces tourments, ce serait à nous... Oui, je vous le demande par cette dernière chute.

1 h. 59. — Oui, donnez-moi la force et le courage de sainte Véronique, qui essuya votre face sacrée.

2 h. — Oui, imprimez dans mon cœur ce feu sacré.

2 h. 1. — Oh ! que ces soupirs, ces gémissements viennent sourds à mon cœur !... Oui, Seigneur, je vous le demande... Oui, Seigneur, je vous le demande pour ces pauvres âmes, puisque vous me dites qu'elles ne peuvent qu'expier... Oui, je vous vous le demande pour ces pauvres âmes, oui.

2 h. 10. — O mère de bonté, mère de douleur ! tous ces anges vous consolent... Je voudrais être du nombre, mais mes péchés m'en empêchent, ô Marie.

2 h. 11. — Oui, anges du ciel, enlevez ce corps adorable des mains de ses ennemis.

2 h. 17. — (Crucifiement.)

2 h. 35. — Oh ! oui, saint Stanislas (c'est le jour de sa fête) qui avez été martyr, non sur la croix, mais sur l'autel, qui avez souffert pour nous, intercédez pour lui.

2 h. 41. — Oui, pendant ces quelques jours, donnez-leur la foi et la lumière ; intercédez pour eux.

2 h. 42. — Oui, Seigneur, pardonnez-leur, pour le bien de la sainte Eglise, pour le bien des âmes, pour le bien de la France... Oui, je vous le demande par votre Sacré-Cœur.

2 h. 45. — Oui, seigneur, ce sera le neuvième jour... Oui, éclairez-le, comme vous avez fait à vos disciples.

2 h. 48. — Oui, faites ça... Votre lumière sur eux... Oui, qu'elle descende sur nous tous !

2 h. 51. — Oh ! ce cœur, ô mon Dieu !

2 h. 52. — Oh ! cette colonne de feu qui sort de ce cœur, ô mon Dieu... Oh ! oui, je voudrais que le mien fût aussi embrasé de cet amour... Oh ! Seigneur, vous nous montrez que vous voulez bien nous sauver... Oui, par ces colonnes de feu, qui sortent de votre cœur.. O bienheureuse Marguerite-Marie, qui avez le bonheur d'être embrasée du cœur de Notre-Seigneur, intercédez pour nous...

oh! oui, pour la France entière, mon Dieu... Eh bien! oui, pour tout le monde entier.

2 h. 58. — Oh! quel regard de bonté, seigneur, que vous jetez sur nous! oh! faites-nous miséricorde! Seigneur, convertissez tous les pécheurs.

2 h. 59. — Oui, tous ceux qui travaillent pour votre culte, ô mon Dieu... oui, nous prierons pour eux... Oui, faites que ces ennemis passent loin d'eux.

3 h. — Oui, qu'ils ne succombent jamais!... Oh! dans ce moment terrible, protégez-les.

3 h. 2. — Oh! Seigneur, oh! ce cœur qui souffre, qui souffre... et non l'esprit, ô mon Dieu... Oh! oui, l'esprit est heureux, quand le cœur souffre.

3 h. 5. — Oui, Seigneur, c'est bien pour vous que je veux souffrir... ne me laissez pas succomber entre les mains de mon ennemi, qui me fait tant souffrir... Oh! je sais bien qu'avec votre grâce, je le vaincrai, Seigneur.

3 h. 7. — Oh! ce grand trompeur!... oui.

3 h. 10. — O Seigneur, réchauffez mon cœur qui se glace... oh! je ne peux pas... oh! ces souffrances, Seigneur, je ne peux les supporter sans me plaindre... Oui, les paroles de votre bouche, mon Dieu... oh! oui, si indigne que j'en suis, elles me consolent... Oui, je vous le promets... oui, l'humilité surtout, je vous le demande, Seigneur... oui, ne le permettez pas, Seigneur; à cause de mon orgueil, ne me laissez pas succomber, Seigneur.

3 h. 14. — Oui, je ne connaissais pas ce péché qui vous fut si détestable... oui, je vous le demande pour moi, oui, je vous le demande pour tous... Oui, Seigneur, contentez-vous de celui-là, pour la consolation de cette mère. Gardez-le, faites-le grandir de gloire; oui, faites-lui revenir la santé, je vous en supplie... oui, puisqu'elle est là à vos pieds, Seigneur... oui, elle vous demande bien cette grâce, oui, accordez-lui...

3 h. 19. — Oui, Seigneur, vous savez le vœu qu'il a fait ; il vous le tiendra.

3 h. 34. — Oh ! que c'est un miracle, mon Seigneur Jésus, toutes ces âmes qui vous ont suivi dans le ciel !... Oh ! intercédez donc pour nous... oh ! gravez dans mon cœur, Seigneur, cette bonté que vous avez pour moi.

3 h. 37. — Oui, gravez dans mon âme cette douceur.

3 h. 40. — (Signe de croix.)

3 h. 50. — Oui.

4 h. 33. — Seigneur, donnez-lui les grâces nécessaires pour qu'il puisse ramener beaucoup d'âmes vers vous, Seigneur... Oui, que son talent puisse toucher ces cœurs si endurcis.

4 h. 35. — Oui, pour notre Saint-Père, pour l'Eglise entière, Seigneur.

4 h. 36. — Oui, donnez-lui la force et le courage de supporter toutes ces épreuves... Oui, Seigneur, voilà le moment divin où vous allez consacrer ce pain qui sert à nourrir notre corps et à sanctifier nos âmes.

4 h. 50. — Oui, Seigneur.

4 h. 55. — Bien, oui, Seigneur, mon Dieu, que votre volonté soit faite... oui, encore.

4 h. 56. — Oui, Seigneur, je vous l'offre pour elle encore, ce temps de souffrance qui reste.

5 h. — Oui, pour Mgr notre archevêque... oui, pour mon directeur et ceux que j'aurai à l'avenir.

5 h. 11. — Oui, Seigneur... Eh bien ! oui, près de cinq heures encore... oui, si c'est pour expier tous nos péchés... Oui, Seigneur, autant que vous le voudrez... oui, jusqu'à dix...

5 h. 16. — Oh ! Seigneur, ne m'abandonnez pas, je vous en supplie.

5 h. 21 — Oui, Seigneur, toutes sont disposées à redoubler les souffrances, pour apaiser votre justice... O mon Dieu, je vous offre cette soif pour pénitence, Seigneur.

6 h. 25. — Oui, Seigneur, ce n'est pas le moment... la parole est à vous, l'heure est à moi... Oh! de grâce, mon Dieu, je vous en supplie, ne m'abandonnez pas, Seigneur.

5 h. 54. — (Elle présente une image de saint Vincent.)

6 h. — Oui... oh! Seigneur, ayez pitié de moi.

6 h. 7. — Oui, Seigneur, que cette larme me serve de prière.

6 h. 9. — Oui, bien peu... qu'il fasse ce sacrifice dans l'ermitage.

6 h. 22. — Oh! oui, Seigneur.

6 h. 27. — Oui, Seigneur, pour notre chère patrie... éclairez-les, Seigneur.

6 h. 32. — Oui, protégez-les, Seigneur... que cela serve à votre service... pour honorer la sainte Église.

6 h. 43. — Oui, Seigneur, abrégez ces jours de souffrances et de malheurs... Ne laissez pas s'appesantir votre bras sur nous.

6 h. 44. — Oui, pénitence..... Seigneur, Seigneur... Oui, il n'y a que lui... oui, je ne le verrai pas, je ne l'entendrai pas, Seigneur... oui un signe... Mon Dieu, que d'épreuves encore!

7 h. 35 — Oui, donnez-lui un signe, il se rendra à votre appel... oh! Seigneur!

7 h. 47. — Oh! Seigneur (signe de croix).

7 h. 57. — (Elle récite les litanies de la Sainte-Vierge, une partie de la prière du soir et trois fois l'invocation : « Reine des anges, priez pour nous. ») O sainte Marie, pendant ce mois béni, oui, je vous le demande, de grâce!...

8 h. 2. — O Marie, obtenez cette grâce, pour lui donner l'inspiration..... Oh! oui, mon adorable Jésus, sous ce titre : « Reine immaculée des anges. »

8 h. 5. — Oh! faites-leur... je vous en supplie.

8 h. 10. — Oui.

8 h. 25. — (Signe de croix. Elle récite l'*Angelus*.)

8 h. 46. — Oui, Seigneur, pardonnez-leur.

8 h. 49. — Oh! pardonnez-leur, Seigneur.

8 h. 52. — Oui, Seigneur, je veux obéir.

8 h. 55. — Oh! oui, ce n'est pas ma faute... oh! oui, ce ne sera plus ainsi, je vous le promets.

8 h. 59. — Oh! que de souffrances, mon Dieu!... quels soupirs!

9 h. 14. — Oui, mon Dieu, vous ne devez pas oublier ce jour où le plus grand saint et le plus grand martyr... Oui, nous ferons le saint sacrifice devant cet autel... oui, il n'y a plus de ces hommes dévoués.

9 h. 20. — Ah! Seigneur, venez à mon secours, ne me délaissez pas.

9 h. 25. — Oh! oui, vous avez été laissé tout seul... Faites votre sainte et adorable volonté, ô mon adorable Jésus... O mon bon ange, ne me délaissez pas, venez à mon secours, je vous en conjure.

9 h. 27. — Je suis prête à supporter toutes les épreuves.. Oui, j'ai besoin de votre secours et de votre sainte protection, ô mon Seigneur.

9 h. 30. — Oh! quel grand combat, Seigneur!...

9 h. 35. — O mon adorable Jésus, découvrez le voile qui cache mes yeux sous ces ténèbres à travers lesquelles je ne puis plus vous apercevoir..... Oh! que ces ténèbres sont épaisses, mon Dieu!... que ce feu est ardent!... Je vois tout consumé.

9 h. 37. — Protégez ces pauvres enfants, ils s'étouffent au milieu de ces flammes, mon Dieu... Oui, elle est la plus coupable, oh! oui, cette maudite ville.

9 h. 40. — Oh! oui, mon Dieu, c'est bien celui qui est à votre droite.

9 h. 42. — Apaisez-le, Seigneur, ne le laissez pas frapper... Oh! quel tableau déchirant, mon Seigneur Jésus!... Oui... oh! que de tristesse partout!... oh! que de larmes qui tombent!

9 h. 45. — Oh! que de têtes qui roulent, Seigneur!... O Sainte Vierge, intercédez pour nous.

10 h. 21. — Oui... oui, Seigneur, exaucez-nous, ne nous abandonnez pas.

10 h. 40, — Oui, soyez toujours avec nous, mais surtout à l'heure de notre mort.

10 h. 42. — Oh! oui, Seigneur, je la vois, cette montagne d'où vous vous êtes enlevé, mon adorable Jésus.

10 h. 43. — Oh! Bienheureuses les âmes que les péchés n'ont pas empêché de vous suivre, Jésus... O Reine immaculée des anges, Vierge sainte, intercédez toujours pour nous.

10 h. 50. — (Signe de croix.)

10 h. 58. — (Elle présente le portrait d'Henri V.)

10 h. 59. — (Elle présente un crucifix.) Christ.

11 h. — (Fin).

Cette manifestation présente plusieurs particularités remarquables, sur lesquelles je veux attirer spécialement l'attention de mes lecteurs.

Berguille, comme on peut le voir d'après ses paroles, a eu à subir, pendant l'extase, une attaque directe du démon, qui a cherché à la faire tomber dans le péché. La Voyante a repoussé victorieusement la tentation en invoquant le secours divin. Comment, en présence de ce fait, pourra-t-on soutenir encore que les manifestations sont dues à l'influence diabolique? On verra plus tard que Berguille a été éprouvée par l'esprit malin d'une manière bien plus terrible encore, et qu'elle a repoussé toujours avec succès les assauts de l'enfer. Est-ce que le diable se ferait aujourd'hui la guerre à lui-même, et ne serait-il plus vrai de dire avec le Sauveur : « *regnum divisum contra se desolabitur?* »

Un autre fait bien remarquable, c'est la prédiction faite par Berguille relativement à la durée de ses souffrances. Elle annonce que le crucifiement durera *jusqu'après dix heures*, et il n'a cessé effectivement qu'à onze heures. Dira-t-on encore que toutes ses prédictions sont fausses?

Je ne parlerai pas de l'admirable résignation de Berguille au milieu de ses cruelles souffrances, de sa patience, de son humilité, de sa parfaite conformité à la volonté divine, de sa charité exquise, de son obéissance ; toutes ces belles vertus brillent d'un vif éclat dans ses paroles, et il suffit de les lire pour être saisi d'admiration. On trouvera encore des esprits assez aveugles et assez obstinés pour attribuer tout cela au diable!

Je me contenterai de signaler le tableau effrayant qui termine les paroles de Berguille. C'est le tableau prophétique des malheurs qui nous menacent : ce sont les massacres, l'incendie et les ténèbres. La destruction de Paris y est annoncée en termes évidents; la ville maudite sera consumée par le feu. Berguille est d'accord en cela avec les nombreuses prophéties qui parlent de ce terrible événement. « La place du crime est purgée par le feu », dit le solitaire d'Orval, « et la fumée de son embrasement, ajoute l'Apocalypse, s'élève dans les siècles des siècles. » Mais qui songe aujourd'hui à la destruction de Paris? Malgré l'avertissement de la Commune, la grande Babylone se livre au plaisir, sans songer au lendemain. Elle honore d'un culte sacrilége le grand ennemi de Jésus-Christ et l'ami du roi de Prusse, doublement traître à la religion et à la patrie, et par là elle tend la main aux envahisseurs teutoniques, pendant qu'elle repousse le Dieu de Clovis et de Charlemagne. Qui la préservera de la colère divine? Ah! sans doute l'église du Sacré-Cœur qui est en projet pourrait lui servir de palladium. Mais ce projet ne sera pas exécuté. La Sainte Vierge a dit formellement à Berguille que l'église du Sacré-Cœur ne serait pas construite, tant que la statue de Voltaire serait debout dans Paris. Il faut que la ville soit purifiée pour que Jésus–Christ accepte l'expiation. On ne peut pas dresser à la fois des autels à Dieu et à Baal, honorer Jésus-Christ et celui qui prétendait *écraser l'infâme*. Donc, malgré la pensée très-louable des promoteurs de l'église Montmartre, pensée à laquelle je me suis associé moi-même avec empressement, notre malheureuse capitale ne sera pas sauvée. Il faudrait qu'elle eût le courage de renverser la statue de Voltaire, mais elle ne le fera point. L'impiété l'a érigée ; le respect humain la maintiendra, jusqu'au jour où quelque boulet prussien viendra de nouveau la coucher dans la poussière.

## Manifestation du 14 mai.

Cette manifestation a une importance excep-
tionnelle, soit par sa durée, soit par les faits
remarquables qui s'y sont produits. L'extase a
commencé le 14 mai à 1 h. 40, et ne s'est terminée que le 15 à 4 h. du soir, et il a fallu l'intervention de M. le curé de Fontet, directeur spirituel de Berguille, pour la faire sortir de l'extase.
Je vais raconter en quelques mots cet incident
extraordinaire.

On était arrivé au samedi 15 mai, à une heure
de l'après-midi, et l'extase durait toujours.
Comme Berguille réclamait son directeur avec
instance, on est allé le chercher. Il est arrivé, a
interrogé la Voyante à différentes reprises, et lui
a demandé ce qu'elle désirait, puisqu'elle l'avait
fait appeler. Berguille n'a rien répondu. Alors
M. le curé est sorti. A peine avait-il quitté la
chambre miraculeuse que Berguille l'a réclamé
de nouveau, en faisait entendre qu'il devait parler
*au nom de la sainte Eglise.* On a rapporté immédiatement ces paroles à M. le curé, qui est revenu
et a dit à la Voyante : « Berguille, au nom de la
sainte Eglise, parlez-moi, je suis votre confesseur, je vous ordonne de sortir de l'extase et de
vous lever. » Berguille a répondu aussitôt: « Oh!
oui, mon Père, j'obéis à tout ce que vous m'or-

donnez » ; puis elle s'est assise sur son lit, et l'extase a cessé.

Revenue à son état naturel, elle s'est entretenue pendant 17 minutes avec M. le curé. Celui-ci, pour l'éprouver, a cherché à lui persuader qu'on était encore au vendredi, en lui disant : « Vous voyez, Berguille, qu'il n'y a pas longtemps que vous souffrez ; il n'est pas plus de 4 heures ; vous viendrez vous confesser demain, comme tous les samedis. » — « Il me semble pourtant, répond Berguille, qu'il y a bien longtemps ; je suis étonnée qu'il ne soit pas plus de 4 heures. » A 4 h. 17, Berguille tombe en extase de nouveau pendant trois minutes. La Sainte Vierge lui apparaît et lui dit : « C'est aujourd'hui samedi, et il y a 26 heures que vous êtes là ; vous pouvez le dire. » Puis elle bénit l'assistance et disparaît. Berguille, revenue à son état naturel, se tourne vers son directeur : « Je sais, dit-elle, que c'est aujourd'hui samedi et que je suis ici depuis 26 heures. — Comment savez-vous cela ? reprend M. le curé. — La Sainte Vierge vient de me le dire. »

J'ignore si M. le curé de Fontet a trouvé l'épreuve concluante.

Vers 6 heures, Berguille s'est levée, sans éprouver aucune fatigue, et, le soir même, elle a assisté aux exercices du mois de Marie, dans l'église paroissiale.

Cette manifestation a été signalée par un autre incident remarquable. La Sainte Vierge a fait réciter à Berguille à haute voix durant l'extase la prière qu'elle avait récitée elle-même, le 22 janvier, devant la croix, comme preuve de sa présence. Cette prière a été prise, séance tenante, pour ainsi dire, sous la dictée de Berguille, et les expressions qui avaient échappé à la mémoire de la Voyante ont pu être rectifiées. Voici cette prière dans toute sa pureté :

### PRIÈRE DE NOTRE-DAME DE FONTET

« O Croix adorable de mon Sauveur, je te salue avec respect et amour, parce que tu mérites le respect du ciel et de la terre. Que ta dignité est peu connue ! C'est le lien qui tient Dieu attaché à l'âme et l'âme attachée à Dieu ; c'est le port du salut, l'espoir et la confiance des âmes humbles, qui ont à cœur d'être méprisées et humiliées, parce que vous, ô mon Dieu, vous avez choisi l'humiliation et le mépris, vous avez été disposé à souffrir toutes sortes d'affronts et d'injures, pour les péchés des hommes et le salut des âmes.

« O mon adorable Jésus, j'embrasse votre sainte Croix, et je la prends avec un entier abandon à vos desseins ; je la presse contre mon cœur. Que votre sainte et adorable volonté soit faite, sur la terre comme au ciel. Ainsi soit-il. »

Je vais indiquer maintenant les paroles prononcées par Berguille pendant l'extase.

*Vendredi, 14 mai.*

2 h. 11. — Oui, mon Dieu.

2 h. 13. — Oui, Seigneur, vous retombez encore, pour nous montrer que nous retombons toujours dans le péché.

2 h. 19. — Oh! que de sacrifices pour nous, mon Dieu!

2 h. 23. — Oui, Seigneur, nous sommes tous vos bourreaux... Priez pour nous tous.

**2 h. 25.** — O Sainte Vierge, Mère de douleurs, intercédez pour nous dans ce moment-ci... Oh! ces traits, cette face adorable, Seigneur, si déchirés!

**2 h. 30.** — O ma bonne Mère, oui, beaucoup de larmes... vous pleurez.

2 h. 36. — Oui, Seigneur, toutes vos veines sont brisées, tous vos membres sont déchirés... Oh! oui, mes yeux perdent la lumière, pour ne voir que des ténèbres.

2 h. 40. — (Crucifiement.)

3 h. 16. — Oui, mon Dieu, faites-leur grâce, à ces pauvres âmes... Le démon dit qu'il lui faut toujours des âmes... Ah! faites-leur grâce, Seigneur, ne les laissez pas succomber... O mon Dieu, je demande bien pardon au pied de la croix... Pardon, miséricorde, oui, pour ces pauvres âmes.

3 h. 18. — O sainte Mère, ne résistez pas.

3 h. 21. — Oh! que vous êtes bon, ô mon Dieu!

3 h. 25. — Oh! ce cœur, mon Dieu... oh! oui, je vous le demande.

3 h. 26. — Oh! oui, prenez-le, ce cœur, mon adorable Jésus; oh! oui, je vous l'offre... Oh! oui, vous êtes embrasé d'amour pour nous... Oui, Seigneur, protégez-le, éclairez-le toujours, oui, pour le bien de la France et de la sainte Eglise.

3 h. 39. — Oui, Sainte Vierge, intercédez pour eux.

3 h. 41. — Oui, Marie-Julie, je demande avec vous, oui, sœur de souffrances.

3 h. 43. — Oui, oui, pour moi, je vous le demande... Oui, la charité, l'humilité, oui, je vous demande cela.

3 h. 50. — Oh! oui, Seigneur, je vous l'offre, cette soif si ardente... Oh! que de soif, mon Dieu!...

Oui, Seigneur, faites-leur retirer cette épée... Oh ! oui, vous êtes au-dessus...

3 h. 59. — Oh ! Sainte Vierge, quelles paroles déchirantes !... Oui, quand on vous dit que nous n'en voulons plus !... Oui, on vous le renie, ce cher Fils, oui, on vous le renie.

4 h. 13. — Oui, pour toutes ces sociétés que le monstre infernal a tant agitées et qu'il agite toujours, pour empêcher leur conversion... Convertissez-les, Seigneur, convertissez-les, Seigneur... Oui, pénitence... Oh ! la force et le courage, mon Dieu.

4 h. 35. — A boire... soif... Ayez pitié de moi, Seigneur.

4 h. 36. — Oui, Sainte Vierge, intercédez pour moi... Oh ! oui, ils diront : par ma faute.

4 h. 40. — Oh ! oui, notre bienheureux Pie IX... Conservez-le toujours pour le bien de la sainte Eglise... Oh ! Sainte Vierge, Vierge immaculée, conservez-le toujours... Oui, arrêtez ces ennemis qui le menacent, Vierge sainte.

4 h. 43. — Oh ! oui, ces quatre nations (la France, l'Italie, la Belgique et la Russie)... intercédez pour elles... qu'elles dépassent... oh ! oui, qu'elles dépassent...

5 h. 5. — Oh ! Sainte Vierge, ne lui refusez pas cette grâce... Oui, il vous le demande avec instances ; accordez-lui cette grâce, Vierge Marie.

5 h. 8. — O mon Dieu, quelque grave que soit la faute, je ne désespère pas d'en obtenir le pardon. O mon Dieu, elle est encore plus grande que celle de la croix !... Oui, tous ces blasphèmes, toutes ces injures, au moment où vous vous immolez sur l'autel... Pardonnez-leur, Seigneur !

6 h. — O Seigneur, éloignez de vous tout ce qui pourrait blesser votre cœur, ô mon adorable Jésus !

6 h. 7. — Oh ! je vous demande, oui, Seigneur, au nom de votre Sacré-Cœur, accordez-lui cette grâce, je vous en supplie. C'est pour votre grande

gloire et celle de la Vierge Marie... C'est une de vos indignes enfants qui vous demande cela... Saint Joseph, époux de la Vierge Marie, que votre nom soit connu... Intercédez pour notre chère patrie, pour l'Eglise... Intercédez pour nous... Oh! oui, Seigneur, oh! oui... O Sacré-Cœur de Jésus, intercédez pour nous... Et vous aussi, bienheureux saint Joseph... O Sacré-Cœur de Jésus...

6 h. 20. — O saint Joseph, qui me montrez toujours ce cœur, intercédez auprès de lui pour l'Eglise entière... O Sacré-Cœur de Jésus!

6 h. 24. — O cœur immaculé de Marie, ayez pitié de nous.

6 h. 26. — Oui, mon Dieu, je me repens de tout mon cœur des péchés que j'ai commis; ô mon Dieu, je vous en demande très-humblement pardon.

6 h. 58. — Que ce combat s'éloigne de nous, Seigneur.

7 h. 1. — Oh! que ces hommes sont insensés!... Oh! oui, ils crient à grands cris : Nous ne voulons plus de Dieu!... Oui, nous n'en voulons plus... Oh! que ces cris sont terribles! Quelle barbarie, mon Dieu!

7 h. 24. — O Vierge sainte, faites cesser ces pleurs... Oh! ce cœur!... Oui, mon Dieu, la patience et la résignation... Que votre volonté se fasse, ô mon Dieu!... O mon Dieu, calmez mon cœur si agité, je vous en supplie.

7 h. 27. — O Sainte Vierge, intercédez pour moi.. Oh! oui, Seigneur, je vous offre ces souffrances pour l'expiation des péchés... Pardonnez-moi, je vous en supplie... Oh! oui, Seigneur, mon cœur est brisé... Je ne vous demande que la force et le courage... Donnez-moi la résignation.

7 h. 33. — O mon bon ange, ayez pitié de moi, je vous en conjure.

7 h. 37. — Ah! Seigneur, ayez pitié de moi; mon Dieu, ayez compassion de mes souffrances.

7 h. 43. — Oh ! oui, Seigneur, je suis bien résignée à souffrir, si cela doit servir pour sa conversion ; oui, convertissez-le... Oui, je vous le demande pour le salut de son âme.

7 h. 50. — Oui, chère Julie, vos souffrances vont finir ; aidez-moi, par vos prières, à les supporter... Oh ! oui, je me recommande à tous les martyrs, à tous les anges... Intercédez pour moi, misérable créature. Ne m'abandonnez pas auprès de notre Sauveur... Oh ! Jésus !

8 h. 17. — (Elle récite la prière du soir, l'*Angelus* et trois fois les invocations : Reine immaculée des Anges, Reine conçue sans péché, priez pour nous.)

8 h. 28. — (Elle récite le *Souvenez-vous* et la prière de la Sainte Vierge au pied de la Croix, qui a été reproduite plus haut.)

8 h. 30. — Oh ! je vous remercie, ma bonne Mère... Oh ! cet acte d'amour qui vous est si agréable... Je vous le promets... oui, tous les jours de ma vie.

8 h. 33. — O Vierge sainte, intercédez toujours pour nous.

8 h. 50. — Ayez pitié de moi, Seigneur.

8 h. 55. — O Sainte Vierge, intercédez toujours pour moi.

9 h. 7. — Quel martyre, cette soif, mon Dieu !

10 h. 8. — Oui, mon Sauveur... Oh ! oui, mon Dieu, pour toutes les injures et pour tous les outrages qu'ils vous ont faits.

10 h. 35. — Oui, Seigneur, donnez leur la paix.

10 h. 55. — Oh ! oui, mon Dieu, je vous recommande mes derniers moments, je vous recommande mon âme.

11 h. 24. — Oh ! oui, ne m'abandonnez pas, mon Dieu.

11 h. 35. — *Benedicite... Domine Jesu-Christe... per eumdem Christum Dominum nostrum.....*

## *Samedi*, 15 *mai*.

10 h. 50 du matin. — Mon Dieu.

10 h. 58. — O Sainte Vierge, ayez pitié de moi.

11 h. 12. — O chère enfant, c'est bien aujour-d'hui le jour de ta naissance...

11 h. 35. — O Sainte Vierge, vous me montrez bien les souffrances que vous endurez, pour répa-rer les injures... O sainte Vierge, je suis bien rési-gnée à souffrir pour les péchés...

11 h. 38. — Sainte Vierge, je vous offre cette soif pour pénitence... Oh! quel martyre!

11 h. 39. — O Sainte Vierge, donnez-moi la force, le courage et la résignation... Oh! je vous demande l'humilité, la charité... je vous demande cette grâce.

11 h. 40. — Oh! oui, dans un instant, ma mère.

Midi. — (Elle récite l'*Angelus* et trois fois l'invo-cation : O Marie conçue sans péché, priez pour nous.)

12 h. 15. — O Sainte Vierge, ne rejetez-pas la prière d'un enfant, je vous en supplie... Oh! oui, au nom de la sainte Eglise... O Sainte Vierge, je ne peux plus prier, intercédez pour moi auprès de votre divin fils... O Sainte Vierge, ne m'abandonnez pas, je vous en supplie, mais surtout à ma dernière heure; je vous recommande mon âme.

12 h. 16. — (Elle présente le plan de la future église du Sacré-Cœur de Montmartre, qui se trou-vait dans un livre sur son lit.) O Sainte Vierge, ce n'est pas le moment (de construire cette église). Il faut qu'elle (la ville de Paris) se purifie encore.

12 h. 45. — O Sainte Vierge, ayez pitié de moi.

12 h. 52. — O Sainte Vierge, reine des Anges, priez pour moi.

1 h. — Oui, sainte Vierge, que votre bonté est

grande, votre miséricorde infinie!... Oh! comme je voudrais vous aimer et vous faire aimer, ma bonne mère!

1 h. 6. — O mon Dieu, ne laissez pas agiter mon cœur... ayez compassion, mon Dieu, de ce cœur... Oh! quelle soif, mon Dieu!... Oh! oui, je vous l'offre pour pénitence, mon Dieu.

1 h. 10. — Oui, du fiel et du vinaigre, mon Dieu.

1 h. 19. — O mon Dieu, si mon corps est abandonné, n'abandonnez pas mon âme, je vous en supplie... Oh! ce corps qui n'a plus d'yeux, qui n'a plus d'oreilles!

1 h. 20. — O mon Dieu.

1 h. 26. — Oh! oui, puisque vous voulez que ce soit lui, faites-lui un signe... Tant que vous voudrez, ô ma bonne Mère.

1 h. 30. — Oh! oui, mon directeur... inspirez-le, je vous en supplie... Oh! oui, qu'il me sorte de là, je vous le demande... Inspirez-le, je vous en supplie, ô ma bonne Mère... O Sacré-Cœur de Jésus, ayez pitié de moi.

1 h. 35. — O mon divin Jésus... Oh! faites-la-lui baiser (une statue du Sacré-Cœur à un enfant qui se trouvait présent), ça lui portera bonheur, à ce cher ange.

1 h. 42. — Ayez pitié de moi, Seigneur... Ah! ne m'abandonnez pas... Mon Jésus, miséricorde!

1 h. 45. — Oh! j'ai été bien délaissée, mon Dieu. O Directeur de mon âme, venez à mon secours, je vous en supplie... Oh! oui, par votre sacré cœur, ô mon Dieu, ayez pitié de moi, je vous le demande.

1 h. 48. — Oh! donnez-moi la force, le courage et la résignation, je vous en supplie... Oh! oui, je vous le demande... Que votre volonté soit faite, ô mon Dieu!

1 h. 50. — Oh! oui, donnez-moi la patience, ô mon Dieu, c'est une épreuve encore qu'il me

donne. Inspirez-le, je vous en supplie; donnez-lui un signe pour qu'il arrive (son Directeur). Oh! ne me laissez pas succomber, ô Sainte Vierge... Oui, vous le pouvez sans lui, ô Sainte Vierge.

1 h. 54. — Oh! oui, je m'y soumets, puisqu'il faut que ce soit lui... O Reine immaculée des Anges, priez pour moi; donnez-moi le courage de supporter cette épreuve.

1 h. 56. — Oh! dans quel état les péchés me mettent, ô mon Dieu! Pardonnez-les-moi, je vous en supplie... O Sainte Vierge, toute pleine de bonté, oh! oui, oh! que de larmes pour pleurer mes péchés! Oh! donnez-moi quelques larmes, je vous en supplie... Oh! *Stabat Mater*... Mère de douleur, oh! priez pour moi.

2 h. 2. — Oh! oui, pardonnez à tous mes ennemis, je vous en supplie... Oh! oui, je vous demande bien pardon pour eux.

2 h. 13. — Oh! oui, je vous demande cette grâce, ô ma bonne Mère... Oh! oui, pour ces chers enfants, je vous le demande.

2 h. 20. — Ah! Seigneur... Oh! quelle soif, ô mon Dieu! Ayez pitié de moi, Seigneur... O Marie conçue sans péché, priez pour nous. O Vierge immaculée, priez pour nous.

2 h. 30. — O Notre-Dame des Anges, soyez bénie et louée à jamais... Oh! ce cœur, mon Dieu!... Oh! quel martyre de soif!... *Fœderis arca.*

2 h. 48. — Oh! que de soif, mon Dieu!... Oh! donnez-moi le courage de supporter cette soif!... O Sainte Vierge Marie, ne m'abandonnez pas, je vous en supplie... O Saints et Saintes, intercédez pour moi, j'en ai grand besoin... Oh! je n'ai pas assez de courage, mon Dieu; je ne peux pas supporter, sans me plaindre... O mon Dieu, quelle souffrance! Accordez-moi la grâce de la supporter. Ce n'est que la petite partie...

2 h. 58. — Oh! oui, ce sont mes péchés qui me

font souffrir ; pardonnez-les-moi, je vous en supplie... O Vierge Marie, ayez pitié de moi... O Vierge sainte, soyez toujours avec nous tous... Oh ! ne nous abandonnez pas, mais surtout à l'heure de la mort, je vous le recommande.

3 h. — Oh ! surtout ce moment où il faudra paraître devant vous... Oh ! ces pécheurs, convertissez-les, Seigneur, sauvez leurs âmes, ne les laissez pas succomber.

3 h. 10. — Oh ! ces pauvres âmes qui tombent dans l'abîme !... Oui, comme les feuilles de l'automne... Ayez pitié d'eux, je vous en supplie.

3 h. 14. — O mon Dieu ! oh ! ce cœur qui se glace !... Réchauffez mon cœur, ô mon Dieu... Mon Dieu, ayez pitié de moi, Seigneur...

3 h. 30. — Ah ! Seigneur ! (M. le curé de Fontet, qu'on est allé chercher, arrive ; il appelle Berguille et lui demande ce qu'elle désire ; Berguille ne répond pas et M. le curé se retire.)

3 h. 45. — O Reine des Vierges, ayez pitié de moi... Oh ! oui, la sainte Eglise, oui pour la sainte Eglise... Oui, c'est en son nom, oui, c'est à ce nom que vous me le ferez connaître ; puisque je n'ai plus de vue et que je ne peux plus entendre... Oh ! oui, elles vont redoubler, ces souffrances... O Sainte Vierge, intercédez pour moi, inspirez-lui donc de parler ainsi ; ma bonne Mère, je vous le demande en grâce.

(On est allé rapporter à M. le curé ces dernières paroles d'où il résulte qu'il doit parler au nom de la sainte Eglise pour être entendu de Berguille. M. le curé revient et il s'adresse en ces termes à la voyante : « Berguille, au nom de la sainte Eglise, parlez-moi ; je suis votre confesseur ; je vous ordonne de sortir de cette extase et de vous lever. » Berguille répond aussitôt : « Oh ! oui, mon Père, j'obéis à tous ce que vous m'ordonnez ; » puis elle s'assied sur son lit et l'extase cesse. Il est

4 heures. En se levant Berguille dit : « O Sainte Vierge Marie, accordez-lui les grâces dont il a besoin. » Puis elle se met à causer avec M. le curé pendant 17 minutes. Au bout de ce temps, elle retombe dans l'extase. Durant cette nouvelle extase, qui dure seulement trois minutes, elle prononce les paroles suivantes :

4 h. 17. — Oh ! oui, Marie, bénissez-nous.

(Elle fait alors le signe de la croix et la manifestation se termine. Il est 4 h. 20.)

## Manifestation du 21 mai.

La manifestation du 21 mai a duré quatre jours. Commencée le vendredi, 21 mai, à 1 heure 17 minutes, elle n'a cessé que le mardi suivant, 25 mai, à 1 heure du soir ; et il a fallu, comme dans la manifestation précédente, l'intervention de M. le curé de Fontet, pour faire sortir Berguille de l'extase. Pendant cette longue extase, qui n'a pas subi d'interruption, Berguille a prononcé un grand nombre de paroles ; je vais les rapporter intégralement.

1 h. 17. — (Commencement de l'extase.)
1 h. 18. — (Communion mystique ; la sainte hostie a été vue par deux personnes.)
1 h. 23. — (Commencement du chemin de la croix, que Berguille fait à genoux sur son lit.)
1 h. 33. — Oh ! oui, mon adorable Jésus.
1 h. 35. — O chère Mère, quelle rencontre ! (1re chute.)
O mon adorable Jésus, ce sont encore mes péchés qui me font tomber une seconde fois. (2e chute.)
1 h. 45. — Oh ! oui, je veux bien..... Oui, Seigneur, je vous l'offre encore pour la conversion des pécheurs. (3e chute.)
1 h. 57. — Oh ! oui, mon Dieu, faites que je me relève avec vous, je vous en supplie.
2 h. 5. — *Dicite Dominus*..... Oh ! oui, Seigneur, on le publiera dans toutes les nations que vous avez régné du haut de la croix.

2 h. 14. — O mon adorable Jésus, écoutez les prières de votre peuple, intercédez pour lui ; éloignez de nous les fléaux de votre colère ; je vous le demande par les mérites de votre sang..... *Crux benedicta.....*

2 h. 16. — O mon adorable Jésus, quel moment terrible!.... *Deus qui culpa..... passionem ejus.....* O croix adorable, vous êtes seule digne de porter le Roi des Rois... oh ! oui, le Roi du ciel et de la terre.

2 h. 18. — Oh ! quel regard, mon divin Jésus!.. quelle bonté pour nous!... *Propitiationibus.... flagella tuæ iracundiæ...* Oh ! oui, Mère de douleur, oh ! oui, cessez vos larmes... Oh ! oui, je veux mêler mes larmes avec les vôtres... Oh ! ce n'est point à vous, Mère chérie, à pleurer, ce serait à nous à pleurer nos péchés.

2 h. 30. — (Crucifiement.)

3 h. 17. — Oh ! oui, mon Dieu, je vous l'offre, cette soif.

3 h. 21. — Oui, *per eumdem Christum Dominum nostrum*, oui, par vous, Notre-Seigneur.

3 h. 25. — O Sainte Vierge, intercédez pour lui, je vous en supplie.

3 h. 28. — O mon Dieu... oh ! oui, de grâce, je vous le demande, ma bonne Mère... Oh ! oui, la charité, l'humilité, ô mon Dieu, je vous le demande... Oh ! oui, mon Dieu, je vous l'offre pour les besoins de la sainte Eglise, en particulier pour notre Saint-Père. Oui, protégez-le toujours, mon Dieu... oh ! faites-le triompher de ses ennemis, je vous en supplie.

3 h. 32. — Oh ! oui, mon Dieu, je vous l'offre pour la conversion des pécheurs... oh ! oui, surtout pour mes amis et mes ennemis.... Oh ! oui, ce cœur... Réchauffez mon cœur, ô mon Dieu.

3 h. 34. — O mon Dieu, je vous demande la résignation... Oh ! ce cœur, ô mon Dieu, qui se

glace!... Prenez ce cœur, ô mon Dieu, ne l'abandonnez pas, je vous en supplie... oh ! ce cœur qui
se glace!... Ne laissez pas glacer mon âme, je
vous en supplie.

3 h. 39. — Sainte Vierge, ne m'abandonnez
pas... Oh ! oui, mon Dieu, je comprends l'énormité
de ce péché... Pardonnez-le-moi, Seigneur.

3 h. 47. — Oh ! je vous demande bien pardon
pour les autres, pour tous.

3 h. 48. — Oh ! oui, mon Dieu, je vous le demande.., oui, je suis bien indigne ; je suis la plus
indigne des créatures... Oh ! oui, c'est pour son
salut et votre plus grande gloire... O mon Dieu, ne
me laissez pas périr, je vous en supplie.

3 h. 55. — Oh ! donnez-moi la force, ô mon
Dieu, de résister à cette soif si ardente qui me dé-
vore... Oh ! donnez-moi la force et le courage.

4 h. 4. — Oui, je vous l'offre pour pénitence,
pour l'expiation de mes péchés. (Elle embrasse un
crucifix.) Oh ! je le presse contre mon cœur... Que
votre volonté soit faite sur la terre comme au ciel.
Ainsi soit-il.

4 h. 9. — Oh ! oui, mon Dieu, je vous le demande au nom de votre saint cœur, ce cœur qui
nous a tant aimés... oh ! oui, ne la refusez pas, je
vous en supplie.

4 h. 14. — Oh ! oui, mon Dieu, je vous les offre
pour tous les péchés, ces souffrances... oui, pour
toute la France.,. O chère Marie, chère sœur ! Oh !
j'offre tout pour la conversion des pécheurs... Puissions-nous expier pour tous les péchés des hommes !

4 h. 19. — Oh ! quel martyre, chère enfant...
oh ! que de persécutions que je vois, chère Marie !

4 h. 20. — Oui, j'aperçois...

4 h. 24. — Oh ! que vous êtes bon, ô mon Dieu !
quelle bonté !... Oh ! oui, jetez un regard de miséricorde sur nous ; oh ! je vous en supplie, oui.

4 h. 33. — Oh ! quel triste spectacle, ô mon Dieu !... Que de menaces !... Pauvre France !... oh ! oui, faites-les cesser, toutes ces sociétés si indignes... Oh ! que de pleurs ! que de gémissements, mon Dieu !

4 h. 36. — Oh ! oui, ce sont ces ennemis de la sainte Eglise... Oh ! éloignez-les, Seigneur... Oh ! oui, Seigneur, tenez-les toujours dans leur foi ; qu'ils ne chancellent pas, je vous en supplie... Oh ! oui, martyrs.

4 h. 40. — Oh ! oui, pour l'Italie... oh ! oui, que de menaces !

4 h. 42. — Oh ! oui, mon Dieu, faites que mes souffrances puissent abréger un peu... je vous en supplie... oui, toutes les souffrances de ces victimes.

4 h. 43. — Oh ! oui, mon Dieu, je donnerai tout mon corps, mon âme, même ma vie, s'il le faut... O Jésus, Marie, Joseph, venez à mon secours... O mon Dieu, ne m'abandonnez pas... que votre saint nom soit béni et loué toujours... Oh ! mon cœur qui vous parle ! oh ! mes yeux qui vous cherchent. (Elle présente un crucifix.) Oh ! oui, mon Dieu, avec votre sainte grâce, je la presse contre mon cœur... Oh ! oui, je l'embrasse avec respect et amour, ô mon Dieu.

5 h. 7. — O Marie, chère sœur, oh ! oui, je vous vois sortir de la croix.

5 h. 8. — Oui, vous l'avez eue avant moi... Oui, je me résigne à la volonté de mon Dieu.

5 h. 11. — *Adoramus te ! Christe...* Oh ! je ne comprends pas, mon Dieu... Oh ! je vous adore... Oh ! oui, mon Dieu, faites-moi la grâce, donnez-moi l'intelligence de pouvoir comprendre.

5 h. 20. — O Sainte Vierge Marie, Reine des anges, ayez pitié de moi.

5 h. 25. — Oh ! oui, mon Dieu, c'est à ce moment si beau que vous avez consacré le pain de nos

âmes, si peu connu, si profané... Oh ! que de soif, mon Dieu ! Ayez pitié, mon Dieu, de ce pauvre corps, je vous en supplie... O mon adorable Jésus, je ne dois pas me plaindre, mon Dieu... Oui, ce sont mes péchés qui m'ont réduite là. Eh bien ! pardonnez-les moi, je vous en supplie ; ayez pitié de cette grande pécheresse.

6 h. — O mon Dieu, réchauffez mon cœur qui se glace... Oh ! oui, mon Dieu, je vous l'offre pour ces pauvres âmes qui souffrent dans le purgatoire... oh ! oui, délivrez-les, Seigneur.

6 h. 7. — Oh ! purifiez-moi, mon Dieu, que rien ne porte obstacle à votre règne dans mon cœur... oh ! oui, Seigneur.

6 h. 15. — O Marie, ma mère ! oh ! quel regard si doux !... oh ! que vous êtes bon, ô mon Dieu !... Oh ! oui, je connais bien que vous la soulagez... Oh ! je vous en remercie... Oh ! je ne mérite pas, mon Dieu... Oh ! oui, vous l'arrosez de vos larmes et de vos grâces, ô mon Dieu... Oh ! ce cœur, mon Dieu, si embrasé d'amour... Oh ! ces rayons de gloire... Oh! oui, mon Dieu, laissez-les tomber sur nous, ces rayons, je vous en supplie... O mon Dieu, ayez donc pitié de cette pauvre France... oui, priez donc pour elle et pour nous ; nous vous demandons tous...

6 h. 36. — Oh ! oui, le chef surtout, ne le laissez pas périr, mon Dieu... Salut, honneur, gloire et louange à Notre-Seigneur ! (Elle présente le bréviaire de l'abbé B*** présent à la manifestation.) *Sœculorum. Amen... In principio et nunc et semper et in sœcula sœculorum. Amen.*

7 h. 20. — Oui, ce nom béni... Oui, pénitence... Oui, neuvaine encore.

7 h. 25. — O Sainte Vierge, ne rejetez pas ma demande, je vous en supplie... Oui, c'est votre plus grande gloire, ô Marie.

8 h. 7. — (Elle répond *Amen* à tous les *Pater* et

*Ave* du chapelet que l'abbé B*** dit à voix basse. Ensuite elle se met à genoux sur le lit et récite toute la prière du soir, l'*Angelus* et trois fois les invocations : Reine immaculée des anges, et Reine conçue sans péché, priez pour nous.)

8 h. 21. — Oui, Sainte Vierge, ne rejetez pas la prière que nous vous faisons... Oh ! ne nous abandonnez pas maintenant, et surtout à l'heure de la mort.

9 h. 5. — *Benedicite, Domine... Spiritus sancti... Deus, qui culpa...* Ayez pitié, mon Dieu, de ce corps.

### Samedi, 22 mai.

8 h. 55 du matin. — (Elle répond en latin à l'abbé B***, qui dit son office si doucement que personne ne peut l'entendre. Ensuite, elle récite la prière de la Sainte Vierge au pied de la croix.) O Sainte Vierge, oh ! oui, pardon, ma bonne Mère, pour toutes les injures et les blasphèmes... Oh ! oui, demandez grâce pour moi à votre divin Fils... Oh ! oui, tous les sacrifices que vous demandez de moi.

10 h. 5. — (Elle prend la main de l'abbé B***.) Oh ! oui, cette main bénie, je ne mérite pas de la toucher, cette main qui touche Notre-Seigneur tous les jours.

10 h. 10. — Oh ! oui, mon Dieu, puisque je ne peux pas prier, je vous offre mes souffrances... Oh ! oui, mon Dieu,... oh ! ce cœur de mon adorable Jésus ! (Elle prend une image du Sacré-Cœur, où le divin personnage qui apparaît à Mourens, avait fait plusieurs croix ; elle imite avec son pouce toutes ces croix, puis elle baise l'image. Notre-Seigneur venait de lui dire que celui qui avait fait ces croix venait du ciel.)

10 h. 25. — Oh ! oui, *Regina Angelorum...* Oh ! reine des anges ! (Elle répète cette invocation plusieurs fois.)

10 h. 45. — Oh ! oui, éclairez-le, je vous en supplie... Je ne puis rien... Oh ! oui, je vous le demande pour lui. Oh ! faites-lui un signe, ma bonne Mère... Oh ! ce n'est pas pour moi que je vous le demande... Oh ! ce corps qui vous a tant offensé, mon Dieu... Oh ! quel martyre ! Oh ! quelle soif !... O mon Dieu, soutenez ma faiblesse, je vous en conjure... O pauvre victime !... O quelle humilité !... Faites-les cesser, je vous en supplie... Oh ! oui, mon Dieu, puisqu'il vous est si agréable, ne le laissez pas succomber à ses ennemis. (Elle présentait une photographie du Père de Bray.)

11 h. 55. — (Elle se met à genoux et récite la prière de la Sainte Vierge au pied de la croix.)

12 h. — (Elle récite l'*Angelus*, le *Souvenez-vous*, et trois fois l'invocation : O Marie, conçue sans péché, etc.)

12 h. 5. — (Elle tombe sur le lit.)

12 h. 13. — Oh ! que de grâces qui sont obtenues par vous, Notre-Dame de France. (Elle présente en ce moment une gravure de Notre-Dame de France.)

2 h. 7. — *Dicite, Dominus...* Oh ! ce corps, ces pieds glacés, mon Dieu !... O mon Dieu, que les souffrances de ce corps puissent fortifier mon âme !

2 h. 13. — O mon Dieu, je vous le remets, ce corps qui n'est rien, et sauvez mon âme... O Marie-Julie, priez pour moi... Oh ! oui, vous qui êtes dans la joie de la Sainte-Vierge, priez pour moi... Oh ! oui, vous répandez votre sang pour les pécheurs. Oh ! oui, j'offre ces souffrances pour eux... Oh ! oui, je ne répands pas mon sang... Oh ! Sainte Vierge, je voudrais vous aimer et vous faire aimer... Oh ! oui, je comprends, oh ! oui, c'est l'orgueil qui nous perd... Oh ! oui, je l'attends avec patience...

Inspirez-le, je vous en supplie... Jusqu'à demain, s'il le faut... Oh ! oui, mon Dieu, que votre volonté se fasse... Oh ! oui, j'offre ce sacrifice.

2 h. 50. — Oh ! oui, avec ça et votre grâce, oh ! oui... Oh ! donnez-nous la foi, Seigneur, à tous, je vous en supplie... Oh ! je ne peux pas prier, mon Dieu... Oui, ces souffrances sont pour mes prières.

2 h. 53. — Oh ! quel martyre, mon Dieu !... Oui, c'est au nom de la sainte Église, mon Dieu... je l'attends.

2 h. 55. — Oh ! ce cœur, oh ! ces pieds qui se glacent, mon Dieu !

4 h. 15. — Oh ! oui, mon Dieu, et même la vie, s'il le faut... Oui, mon Dieu, prenez cette âme, ne la laissez pas languir... Oui, mon Dieu, prenez-la, je vous la donne... Oui, je vous l'offre toujours, mon Dieu, pour la conversion des pécheurs... Oh ! oui, mon Dieu, je vois d'où elle vient... Eh bien ! je suis résignée, puisque c'est là qu'elle doit me conduire... Oh ! que cette agonie est longue, ô mon Dieu !... O mon Dieu, ne m'abandonnez pas. O Sainte Vierge, venez à mon secours, ne me laissez pas périr... Oh ! je vous recommande mon âme... Oh ! ce pauvre corps si abandonné !... Oh ! dirigez mon âme, je vous en supplie.

4 h. 50. — Oh ! oui, je m'y soumets, à cette épreuve, mon Dieu, puisque c'est votre volonté... Oh ! éclairez-le, ne le laissez pas succomber, donnez-lui la foi... On craint la justice des hommes et non celle de Dieu. Éloignez-la loin de nous, Seigneur... O mon Dieu, je veux bien me soumettre à votre sainte volonté, mais sans vous, je n'en peux plus... Miséricorde !... Si c'est votre volonté, appelez-moi à vous, je vous en supplie... O Sainte Vierge, mes yeux vous cherchent, mes oreilles vous écoutent, ne m'abandonnez pas, je vous en supplie... Oh ! dans ce moment, oh ! priez pour moi, ma bonne Mère ! (signe de croix.) Au nom du

Père, du Fils et du Saint-Esprit..... Oh! c'est pour votre gloire, ô mon Dieu, que je veux soufrir... Oui, donnez-lui la preuve... Oh! qu'il me sorte de cet état!... O Sainte Vierge, le courage me manque, ne m'abandonnez pas... Oh! oui, ma bonne Mère, à votre commandement j'obéirai toujours... Oh! que cette route me paraît pénible, mon Dieu!... Oh! oui, mon Dieu, dans ce moment, inspirez-le, qu'il me sorte de là. Et si vous voulez bien que ce soit lui, donnez-lui un signe. Je vous demande cette grâce pour votre plus grande gloire.

6 h. 20. — Oui, je vous recommande mon âme, surtout au moment où elle paraîtra devant vous... Oh! oui, c'est le dernier des sacrements... Dans quel état m'ont réduite mes péchés! Pardonnez-les-moi, je vous en supplie... Un peu de respiration... O mon Dieu, mes chers enfants, je vous les recommande, protégez-les, donnez-leur la foi... O Sainte Vierge, ne m'abandonnez pas, je vous en supplie... Oh! cette épreuve!... Donnez-moi la force et le courage de la supporter jusqu'à la fin... Oh! vous me montrez bien qu'il faut que ce soit lui... Donnez-moi la résignation.

7 h. — Oh! je ne puis plus... Oh! la résignation, ô mon Dieu, oh! je vous le demande en grâce... Oh! je succombe, mon Dieu!... (Elle récite l'acte de contrition)... Oh! mes chers enfants, je vous recommande...

7 h. 5. — Ayez pitié de moi. Oh! cette agonie, mon Dieu.

7 h. 35. — Oh! éclairez-le, je vous en supplie... Oh! je vous le demande en grâce, mon Dieu.

8 h. 10. — Oh! oui, devant le Saint-Sacrement, inspirez-le. (Elle récite le *Tantum ergo*, au moment où on le chante à l'église paroissiale.)

8 h. 24. — (Elle récite l'*Angelus*.)

9 h. 8. — O Sainte Vierge, oh! oui, abandonnée... O Sainte Mère de Dieu, toute ma confiance, tout mon espoir est en vous, ne m'abandonnez pas.

9 h. 10. — Oh ! ce passage est difficile encore, mon Dieu... Que de difficultés !

9 h. 13. — Oh ! oui, Sainte Vierge, intercédez pour nous, en particulier, pour Monseigneur ; éclairez-le, je vous en supplie.

9 h. 19. — Sainte Lucie, intercédez pour nous.

9 h. 25. — Oh ! oui, mon Dieu, autant que vous le voudrez, je me soumets à votre sainte volonté... *Miserere mei, Deus*, ayez pitié de moi, mon Dieu.

### *Dimanche, 23 mai.*

6 h. du matin. — Oh ! je le répète encore, ô mon Père, venez me sortir de là ; oh ! par charité, je vous en supplie.

8 h. 50. — Oui, en particulier pour Monseigneur notre archevêque ; éclairez-le, je vous en supplie.

8 h. 51. — Oui, donnez-lui toutes les grâces, ô mon Dieu, dont il aura besoin.

9 h. — Quelle boisson, mon Dieu ! (On lui avait présenté un peu d'eau mêlée avec du vinaigre)... Oui, c'est tout mon espoir. (Elle baise un crucifix)... O mon Dieu, ne m'abandonnez pas, je vous en supplie, venez à mon secours... O mon Dieu, ne me laissez pas succomber... O mon Dieu !... Retire-toi. (Elle voit le démon)... Oh ! quelle épreuve, mon Dieu !... Oh ! par charité, mon Père, sortez-moi de là, je vous en supplie, au nom du bon Dieu, je vous le demande... O mon Dieu, quel martyre !... Oh ! c'est bien pour votre gloire, ô mon Dieu, que je veux souffrir, ce n'est pas pour lui (le démon)..... Vous comprenez ma douleur, mon Dieu, ayez pitié de moi, soutenez moi, mon Dieu, vous savez que je ne puis rien sans vous. Oh ! je suis trop faible, mon Dieu... O mon Dieu, il veille le moment de me faire succomber... Oh ! il veut me la faire payer bien cher, ô mon Dieu... Oh ! avec ça, oui. (Elle prend un crucifix)... Oh ! non, ce n'est

pas toi qui m'en feras sortir... O Sainte Vierge, ayez pitié de moi, donnez-moi le courage, je vous en supplie... Oh ! vous savez bien que vous pouvez le chasser... Oh ! quel terrible moment ! quelle épreuve ! Oh ! ne me laissez pas succomber... Oh ! il est là, prêt à tomber sur moi ; ne m'abandonnez pas... Oh ! non, non, non, tu ne me sortiras pas de là... O mon Dieu, venez à mon secours, je vous en supplie... O mon Père, si vous connaissiez ma peine, vous ne tarderiez pas à venir me sortir de là... Oh ! oui, mon Dieu, vous le pouvez... C'est une épreuve pour moi et pour lui encore.

9 h. 20. — Oh ! il revient encore avec le feu !... Oh ! quelle secousse, mon Dieu !..... Oh ! cette main !... Oh ! tu veux m'étrangler ? Oh ! tu ne me toucheras pas. Tu la vois (la croix qu'elle tient à la main) ? Avec la grâce de Dieu, je te défends de la toucher... Oh ! quelle rage !

10 h. — (Elle récite les prières de la Messe à haute voix.)

12 h. — (Elle baise le crucifix.)

3 h. — (Elle commence les Vêpres : *Pater nos-ter, Deus in adjutorium*, etc... Arrivée à l'hymne, elle dit : « Ma bonne Mère, je ne sais pas, je ne comprends pas. » Puis elle continue, en récitant l'hymne de la Sainte Trinité dont l'Église célèbre en ce jour la fête.)

3 h. 30. — (Elle récite les litanies de la Sainte Vierge en latin. En ce moment, on les chantait à l'église paroissiale, à l'occasion du mois de Marie.)

5 h. 45. — Oh ! éclairez-le, je vous en supplie... Oui, vous savez que je l'ai déjà fait, mon Dieu, je le ferai encore... Au nom de Dieu, venez me sortir de là, mon Père... Oh ! oui, mon Dieu, vous le pouvez, si c'est votre sainte volonté... Oh ! oui, c'est dans ce but, mon Dieu, que vous voulez que ce soit lui... Ayez compassion de moi, mon Dieu... Oh ! si mon corps est abandonné, n'abandonnez pas mon

âme... Que de difficultés ! que d'épreuves !... Oh ! oui, je comprends que ce sont nos péchés... Oh ! oui, mon frère en Jésus-Christ, priez bien pour moi... Que d'épreuves, vous aussi !

*Lundi, 24 mai.*

4 h. 30 du soir. — Oh ! venez, mon Père, par charité, à cause de ma famille.

5 h. 20. — Je vous l'offre, cette soif, pour pénitence, ô mon Dieu... O Seigneur, ces pieds qui se glacent !...

5 h. 30. — Si tu es mon ange, oh ! baise cette croix. (En ce moment, Berguille présente la croix au démon qui lui apparaît sous la forme d'un ange)... Oh ! non, ne la touche pas... Oh ! non, je ne t'obéis pas... Non, je ne sortirai pas par ta voix... Retire-toi... Tu peux cracher, faire des grimaces, oh ! je ne te crains pas, non. Retire-toi... O mon Dieu, ne m'abandonnez pas, je vous en supplie.

*Mardi, 25 mai.*

10 h. 15 du matin. — Un peu de courage, mon Dieu, je suis bien délaissée... Si mon cœur s'en va, sauvez mon âme, mon Dieu.

11 h. — (Nouvelle apparition diabolique. Le démon la prend à la gorge, en lui parlant à peu près en ces termes : « Oh ! je te ferai bien obéir. Je ne te lâcherai pas avant que tu ne consentes à ce que je te délivre de tes souffrances. Si tu veux m'obéir, je te rendrai heureuse. » Dans cet état, Berguille paraissait comme en agonie ; elle faisait pitié à tous ceux qui la voyait ; sa famille se lamentait autour de son lit, croyant assister à son dernier soupir. On est allé chercher M. le curé, en le priant d'apporter à Berguille les derniers secours de la

religion. M. le curé est venu immédiatement. Il lui a ordonné, au nom de l'Eglise, de sortir de l'extase et de se lever. Berguille s'est levée aussitôt, et l'extase a cessé, à la grande stupéfaction de tous les assistants qui l'avaient crue mourante. (Il était une heure de l'après-midi.)

Cette manifestation donnerait lieu à de nombreux commentaires. Je me contenterai d'appeler l'attention de mes lecteurs sur l'épreuve épouvantable que Berguille a eu à subir de la part du démon, et je leur laisse le soin de décider si la Voyante s'entend avec le diable.

## Manifestation du 28 mai.

Voici la plus longue et peut-être la plus saisissante des manifestations qui se sont produites jusqu'ici à Fontet. L'extase a duré cinq jours sans interruption. Commencée le vendredi 28 mai à midi 45 minutes, elle n'a cessé que le mercredi suivant, 2 juin, à 10 heures 20 du matin. Je ne saurais mieux faire, pour résumer les faits importants de cette période, que de reproduire les termes d'une lettre que j'adressais, quelques jours après, à un de mes plus honorables correspondants.

Voici à peu près comment je m'exprimais :

La manifestation du 28 mai est remarquable entre toutes, parce qu'elle a mis la science médicale aux prises avec le surnaturel de Fontet et que la victoire est restée au surnaturel. L'archevêché de Bordeaux, impressionné par les deux manifestations précédentes, avait envoyé officieusement à Fontet trois médecins bordelais, pour examiner l'état de la Voyante. Deux autres médecins des environs de Fontet se sont joints à eux. Ils se sont rendus ensemble chez Berguille, le 2 juin, vers 9 heures, accompagnés de M. le curé de Fontet. Berguille était toujours en extase. Ils l'ont examinée longuement, lui ont fait subir différentes épreuves, et ont essayé par tous les moyens possibles, mais inutilement, de la ramener à son état naturel. Alors M. le curé s'est approché ; il lui a ordonné, *au nom de l'Eglise*, de sortir de l'extase et de se lever ; aussitôt elle s'est levée, et l'extase a cessé, à la grande stupéfaction des cinq docteurs, qui avaient épuisé sans succès toute leur science. Le fait a eu lieu en présence d'une vingtaine de témoins, parmi lesquels je mentionnerai spécialement M. l'abbé B***. Revenus de leur étonnement, les médecins ont fait subir un interrogatoire à la voyante, et finalement ils lui ont proposé de manger. Berguille a accepté ; elle a mangé devant eux avec de fort bonnes dispositions, et les cinq docteurs se sont retirés, pour aller déjeûner eux-mêmes, sans avoir pu se mettre d'accord sur la nature de cet état extraordinaire. Le soir, Berguille est allée travailler aux champs, comme dans les jours ordinaires. Je ne sais quelle sera la conclusion des cinq docteurs, mais je serais fort étonné s'ils avouaient le surnaturel. Il n'est pas aujourd'hui dans les habitudes de la science médicale de s'élever au-dessus de la matière. Quoi qu'il en soit, Notre-Dame de Fontet continue son œuvre, en dépit des oppositions et des railleries, et Fontet n'a pas dit son dernier mot, quoique la *Semaine catholique* de Toulouse ait dit le sien sur Fontet.

Dans le cours de cette extase extraordinaire, la Sainte Vierge, apparaissant à Berguille, environnée d'une multitude innombrable d'anges, lui a affirmé de nouveau qu'elle serait honorée d'une manière spéciale à Fontet, et que les grâces accordées par elle en ces lieux bénis égaleraient le nombre des anges qui forment sa cour. Elle a annoncé en même temps que bientôt elle convaincrait les incrédules par un prodige éclatant. Déjà des signes merveilleux se sont manifestés au-dessus de la demeure privilégiée. Un berger, qui habite Fontet, a vu naguère, pendant la nuit, briller sur la modeste maison de Berguille une colonne lumineuse, entourée d'une myriade d'étoiles étincelantes (1). A Fontet comme à Bethléem les bergers sont les premiers appelés ; bientôt viendra le tour des Rois.

Depuis que j'ai écrit cette lettre, j'ai eu quelques renseignements sur le résultat de l'examen fait par les docteurs bordelais. Il n'a pas été aussi défavorable au surnaturel que je l'avais pensé. L'un d'eux a déclaré que Berguille était sous l'empire d'une maladie, sans pouvoir spécifier la nature de cette maladie. Les deux autres ont déclaré que l'état de Berguille était surnaturel, sans oser publier ouvertement leur opinion. En définitive, comme je l'ai annoncé, la victoire est au surnaturel. Que l'autorité ecclésiastique veuille bien faire maintenant un examen théologique, la victoire, je n'en doute pas, restera à la divinité.

Je vais reproduire à présent les paroles prononcées par Berguille dans cette mémorable manifestation. On y trouvera, comme toujours, un ample sujet d'édification.

*Vendredi, 28 mai.*

1 h. 4. — O mon Dieu, oui, je la prends, cette croix, avec un entier abandon à vos desseins.

1 h. 15. — Oui, chargée de la croix... Oh ! ce n'est rien, ô mon Dieu, envers ce que vous avez souffert.

1 h. 20. — Oh ! oui, mon Dieu, je vous le demande par cette seconde chute, de les éclairer... Je vous le demande, puisque vous êtes ici présent, je vous en supplie par votre Esprit Saint... Oh !

______

(1) Voir la note III à la fin du volume.

oui, que votre Esprit Saint nous éclaire, ô mon Dieu !

1 h. 24 — Oh ! que j'en vois, des croix et des victimes dans ce moment, ô mon Dieu... Vous allez tomber aussi... Oh ! que cette route me paraît triste et pénible, ô mon Dieu ! que de cris déchirants !

1 h. 27 — Oh ! oui, attaché à la croix.

1 h. 30 — *Dicite Dominus regnavit a ligno.*

1 h. 38 — Oh ! je ne comprends pas, mon Dieu... *Deus qui... pœnitentia... populi tui supplicantis secundum... propitius respice et flagella tuœ iracundiœ, quœ pro peccatis nostris meremur, averte, per Christum Dominum nostrum...* Encore ! Vous le savez, mon Dieu, je ne comprends pas. (Elle répète l'oraison précédente: *Deus qui pœnitentia,* etc...)

1 h. 43 — (Crucifiement.)

3 h. — Ayez pitié de moi, mon Dieu... Oui, Seigneur, écartez-les de nous, les dangers qui nous menacent... Oh ! je vous offre cette soif, ô mon Dieu... Oh ! je veux bien, ô mon Dieu ; je ne voudrais faire qu'une victime avec vous.

3 h. 45. — Oui, je vous le demande encore, éloignez de moi tout ce qui pourrait m'éloigner de vous, je vous en supplie... Oh ! quelle angoisse, mon Dieu !... *Sacrificatur spiritus...* O chère sœur, puisque vos souffrances vont finir, aidez-moi par vos prières, je vous en supplie, puisque les miennes vont redoubler encore... Oui, vous arrivez dans la joie... Oui, mon Dieu, vous connaissez mon embarras et ma peine ; éclairez-le vous-même... je n'insisterai plus, non, je ne veux plus insister, mon Dieu.

5 h. h. 10. — Oh ! quelle épreuve, mon Dieu !... Oui, je veux bien la supporter. Donnez-moi le courage, puisque c'est votre volonté... Oui, oh ! dans ces quelques jours, montrez-le-nous, je vous en supplie... Oui, oh ! de grâce, je vous le demande...

Oh ! c'est ce plan que vous leur avez montré...
Oh ! oui, ce sera cette belle basilique de Notre-
Dame des Anges... O Seigneur, oui, pour votre
plus grande gloire... Oh ! c'est là d'où sont partis
ces rayons... O mon Dieu, oui, montrez-les à tous,
je vous en supplie.,. Oh ! oui, je vous demande
cette grâce, convertissez-les, Seigneur.

5 h. 33. — Ayez pitié de moi, mon Dieu... oui,
parlez, mon Dieu, votre servante... *Adoramus te,
Christe*...

6 h. — Oui, pour Rome et l'Italie, Seigneur
Jésus.

6 h. 15. — Oh ! oui, Marie, chère sœur, que
d'épreuves encore ! Les miennes vont bientôt
finir ; les vôtres seront bien plus longues... Oh !
dans ce moment, intercédez pour moi, je vous en
supplie, oh ! ne m'abandonnez pas... O mon Dieu,
je ne peux plus supplier... Donnez-lui une mar-
que, je vous en supplie... Oui, tout le temps que
vous voudrez, mon Dieu.

6 h. 35. — *Humilitate*... oh ! oui, Seigneur, humilité... *Corpus mortuum*...

6 h. 45. — Oh ! gloire à vous, Reine immaculée
des anges !... Oh ! oui, mon Dieu, quelle horreur,
si je consentais à vous offenser, après avoir vu ce
que je vois !... Je vous en demande humblement
pardon... moyennant votre grâce, ô mon Dieu...
Oui... Evêque de Paris... martyr... oh ! oui, mon
Dieu, comme lui... encore pénible sacrifice...

7 h. 6. — Oh ! la force et la résignation dans
toutes ces épreuves... oh ! je vous en supplie, ne
m'abandonnez pas. O mon Dieu, soutenez-moi toujours contre ces terribles attaques... Oh ! oui, je suis
prête à tout supporter pour votre gloire, mais ne
m'abandonnez pas.

7 h. 10. — O Sainte Vierge immaculée, vous qui
êtes la mère des affligés, secourez-moi dans ces
moments si terribles.... Oh ! Sainte Vierge, qui

avez le pouvoir de lui écraser la tête, oui, j'ai confiance en vous, oui, c'est en vous seule que j'ai mon espoir... Oh ! oui, sans vous je ne résisterais pas, Sainte Vierge (signe de croix).... Oh ! quel combat terrible ! quelle furie ! mon Dieu, venez à mon secours. Oh ! je m'abandonne entièrement à vous, faites de moi ce que vous voudrez... Oh ! je n'ai aucun mérite, aucune résistance ni de force ni de courage (signe de croix)... *Peccatis nostris...*

8 h. 11. — (Elle se met à genoux, puis récite les litanies et le *Tantum ergo*. Elle se baisse pour recevoir la bénédiction au moment où elle est donnée à l'église paroissiale.)

8 h. 28. — (Elle récite le *Laudate.*)

9 h. 40. — O Sainte Vierge, intercédez pour moi... Non, tu ne la toucheras pas, tu ne réussiras pas... Au nom du bon Dieu et de la sainte Eglise, retire-toi... Ah ! Seigneur... Oh ! qu'elles sont grandes ces épreuves ! Mon Dieu, ne me laissez pas succomber.

*Samedi* 29 *mai.*

8 h. du matin. — O Sainte Vierge, ne m'abandonnez pas, oui, j'ai toute ma confiance en vous... Je ne le demanderai plus, inspirez-le vous-même.... O Sainte Vierge, donnez-lui le signe, vous savez que je ne puis rien... Vous connaissez ma faiblesse et ma peine ; Marie, suppliez pour moi... O mon Dieu, ranimez-le, ce cœur qui se sèche, ô mon Dieu.

8 h. 10. — Oh ! oui, mon Dieu, je voudrais être du nombre de ces martyrs, mais je ne peux pas, je n'ai pas assez de courage... eux qui ont souffert avec tant de résignation... Oui, je vous demande la résignation.

8 h. 21. — Oh ! *Spiritus sancti... Jesu Christi...* Oh ! oui, je vous demande en grâce pour lui, oui,

je m'y soumets, à toutes ces épreuves... *Benedicamus Domino... Domine Jesu Christe...*

9 h. 15. — Ah ! oui, mon Dieu... ô triste instrument ! (Elle présente un clou de la Passion.)

9 h. 23. — Oui, oh ! vous le savez, je ne peux plus insister... Oui, vous-même, vous le pouvez, mon Dieu... Oh ! vous connaissez bien ma peine... mon Dieu, non je ne demande plus... Oh ! oui, à mon Père...

9 h. 34. — Oui, je résisterai encore, vous le savez... O Sainte Vierge, ne m'abandonnez pas, mais surtout je vous recommande mon âme... Sainte Vierge, vous voyez que j'ai toute confiance en vous.

9 h. 45. — (Signe de croix.) Oh ! je ne sortirai pas... Eh bien ! oui, je mourrai là, je ne sortirai pas... Oh ! tu ne la brûleras pas, non... O Sainte Vierge Marie, ne m'abandonnez pas ; oh ! soutenez-moi dans ces épreuves, dans ces cruels combats... Oui, je te le dis, au nom du bon Dieu et de la Sainte Vierge... Oh ! quelle furie, ô mon Dieu !... Encore tu voudrais me brûler les-yeux ! (On jette de l'eau bénite.) Ah ! tu t'échappes ! oh ! quelle grimace ! oh ! je ne te crains pas, non... O Sainte Marie...

9 h. 52. — Oh ! je vous remercie, ô mon Dieu, de m'avoir sortie de cette lutte... Oh ! quelles épreuves !... mon Dieu, donnez-moi la force de supporter cette soif. Oh ! je vous l'offre pour pénitence... Oh ! oui, mon Père, par charité, sortez-moi de là, au nom du bon Dieu et de la Sainte Vierge... oh ! oui, je le sais, oui, je résisterai encore... oh ! par humilité, par charité, je vous le demande ; ce n'est pas pour moi, mais pour mes pauvres enfants... oh ! venez me sortir de là.

2 h. 10. — (M. le curé entre avec un médecin. Celui-ci tente inutilement de ramener Berguille à son état naturel. M. le curé ne veut pas agir, at-

tendant des instructions de l'archevêché.) O mon Dieu, c'est la plus grande épreuve... Quand vous voudrez, ma bonne Mère... Oui, ma pauvre famille... pénitence.

*Dimanche, 30 mai.*

(Point de paroles enregistrées.)

*Lundi, 31 mai.*

8 h. 10 du soir. — (Elle se met à genoux sur son lit.) O Vierge sainte, oh! je ne peux pas douter un instant de votre présence, ô bonne Mère... Oh! salut, ô Vierge sainte!

*Mardi, 1er juin.*

3 h. 30 après midi. — Quelle soif, mon Dieu!... vinaigre.

5 h. 23. — (Elle présente deux prières des SS. Cœurs de Jésus et de Marie avec deux bouquets.) O Cœur adorable de Jésus!... Oui, le premier jour...

6 h. — Oh! la force et le courage de la supporter, cette épreuve... mon Dieu, je vois comme ils se débattent... Oh! hommes insensés!... Oh! oui, il se rendra à votre appel, ô Sainte Vierge... Je ne comprends pas le jour... Oui, le deuxième jour du mois de votre Sacré-Cœur... Je ne comprends pas, je ne sais pas où j'en suis.

6 h. 15. — Sainte-Vierge éclairez-moi... Oh! quel beau cœur, mon Jésus! O mon Dieu, par votre mois béni, montrez-le à ces impies, je vous en supplie.

8 h. 13. — (Elle récite l'*Angelus*.) Oui, cela ne

m'annonce plus de joie, cela m'annonce la tristesse, oui, Seigneur.

8 h. 25. — Oui, dans ces quelques heures... oh! oui, je ne vous demande que la grâce de supporter cette épreuve, ô ma bonne Mère.

8 h. 35. — Oh! non pas seulement leurs yeux, mais éclairez leurs consciences, Vierge sainte.

Mercredi, 2 juin.

10 h. 20. — (M. le curé ordonne, *au nom de l'Eglise*, à Berguille, de sortir de l'extase, en présence de cinq médecins et d'une vingtaine de personnes. A peine a-t-il prononcé ces paroles : *au nom de l'Eglise*, que Berguille se lève brusquement, comme mue par un ressort mystérieux et l'extase cesse.)

## Manifestation du 4 juin.

L'extase a repris son cours ordinaire. Commencée à midi 40 minutes, elle s'est terminée à quatre heures 30.

Voici les paroles prononcées par Berguille :

12 h. 50. — (Communion mystique; l'hostie est vue par deux personnes présentes.)

1 h. 12. — (Première chute.)

1 h. 25. — *Adoramus te, Christe, et benedicimus tibi, quia per sanctam crucem tuam redemisti mundum*... O mon Dieu, vous êtes descendu du ciel sur la terre pour nous montrer que ce sont nos péchés... je vous en demande bien pardon.

1 h. 35. — Quelle sueur ! quel sang qui coule de votre front, ô mon adorable Jésus !..... Percé..... *lanceœ*...

1 h. 38. — (Crucifiement.)

3 h. 21. — Oh ! ce cœur si enflammé, mon adorable Jésus !

3 h. 24. — Oui, la pénitence.... le pèlerinage... Oh ! oui, je vous le demande, oh ! oui, en ce jour du Sacré-Cœur... O mon Dieu, oui, pour l'Eglise et son chef... oh ! surtout pour la paroisse entière... Oh ! oui, mon Dieu, convertissez-les, ne laissez pas pousser cette rage aussi loin, oui, cette rage infernale... Oui, bonne Mère, puisque vous me dites qu'il y en a qui l'ont vue, et qu'il y en aura d'autres... Oh ! ce n'est pas pour moi... oh ! non, je ne m'en réjouis pas, je demande l'humilité.

4 h. 7. — (Elle présente un paquet d'images du

Sacré-Cœur). O chère Marie-Julie, pour trois quarts d'heure encore, vous en avez! O mon Dieu, donnez-lui la force et la résignation de supporter toutes ces épreuves ; je vous le demande aussi pour moi, mais surtout pour elle, pauvre victime... O Cœur adorable de Jésus, oh! oui, sauvez-la, cette France si indigne... Oh! oui, Sainte Vierge, oh! ce beau titre : Reine immaculée des anges.

4 h. 24. — (Elle récite le *Magnificat*. Au *Gloria Patri* elle s'incline. Elle récite ensuite le *Salve Regina*.) Oh! oui, dans ce même lieu, dans cette même place... oh! oui. Sainte Vierge, bénissez-nous.

4 h. 27. — (Elle présente les objets à bénir.) Oh! par ce Sacré-Cœur de votre divin Fils, oh! Sainte Vierge, bénissez-nous.

4 h. 30. — (Fin.)

### Manifestation du 11 juin.

Ce jour-là, deux jeunes médecins de Bordeaux, désireux de venger la science médicale de l'échec éprouvé dans la manifestation du 28 mai, se sont rendus à Fontet, munis d'une pile électrique et de tous les engins propres à combattre l'insensibilité et secouer les nerfs. Ils sont arrivés vers midi chez Berguille. La Voyante n'était pas encore tombée en extase. Ils ont causé quelque temps avec elle, et lui ont insinué gracieusement qu'elle jouait la comédie comme Louise Lateau, se flattant bien de déjouer la ruse par l'électricité. Berguille a répondu par le silence à ce soupçon injurieux, et l'extase s'est produite. Nos deux docteurs ont assisté au chemin de la croix et au commencement du crucifiement. Déployant alors toutes les ressources de leur art, ils ont essayé de ramener Berguille à son état naturel, mais ils n'ont pu y réussir. C'est à peine si leur courant électrique, capable de faire bondir un mort, a pu occasionner une légère contraction sur les muscles de la Voyante. Vaincus, mais combattant par l'audace la confusion de l'échec, ils se sont retirés vers deux heures, en déclarant que Berguille était malade. Ils ont oublié de dire quelle é ait la nature de la maladie. Leurs expériences ont servi du moins à écarter le soupçon d'imposture.

Voici les paroles que Berguille a prononcées dans cette manifestation.


1 h. 12. — (Commencement de l'extase.)

1 h. 19. — (Commencement du Chemin de la Croix.)

3 h. 51. — Merci... Oh! ce beau jour!... Oui, par ce divin Cœur... oui..., la force et la résignation de supporter encore cette épreuve.

4 h. 10. — *O Deus qui vita...* Oh! oui, le seizième jour...,Oh! oui, adorable Jésus, oh! ce mois si beau.

4 h. 50. — (Elle présente un paquet.)

4 h. 54. — O mon Dieu..., jusqu'à la fin, ô mon Dieu...

5 h. 12. — Oh! oui, chère Julie, vous n'en avez plus que pour deux minutes... Oh! oui, je vous en supplie, oh! de grâce, oui...

5 h. 50. — Oui... (Elle présente un paquet.)

5 h. 52. — (Elle s'assied sur le lit et présente plusieurs enveloppes.) O Sacré-Cœur de Jésus... Oh! oui, ta bannière... oh! oui, c'est à la Bienheureuse Marguerite-Marie... c'est sa dernière révélation. (Elle présente une lettre.)

5 h. 59. — Oh! oui, que de tristesses!

6 h. 2. — Oh! oui... Cœur de votre divin Fils...

6 h. 4. — Saint Benoît... (Elle présente une médaille de saint Benoît)... Oh! *salve regina mater,* etc.

6 h. 6. — O Sainte Vierge, bénissez-nous; ne nous abandonnez pas, mais surtout à l'heure de notre mort.

6 h. 7. — (Fin de l'extase.)


En parlant du seizième jour, Berguille a voulu faire allusion sans doute au 16 juin, jour où l'Eglise devait célébrer le deux-centième anniversaire de la révélation faite à la bienheureuse Marguerite-Marie, concernant le Sacré-Cœur, et où le monde catholique devait se consacrer solennellement à ce divin Cœur.

## Manifestation du 18 juin.

Cette manifestation n'a été signalée par aucun incident remarquable. Je me contenterai de rapporter les paroles de Berguille.

1 h. 17. — (Commencement de l'extase.)

1 h. 22. — (Commencement du chemin de croix.)

1 h. 31. — Oui, Seigneur, oui, nous retombons toujours dans les mêmes péchés... Oh ! oui, Sainte Vierge, *fiat voluntas tua...* O Dieu d'amour et de miséricorde, je vous le demande par cette seconde chute encore. (2ᵉ chute.)

1 h. 50. — Oh ! oui, bonne Mère, oh ! oui, je la comprends, cette douleur... Oh ! oui, ce pauvre corps si martyrisé...

2 h. — Oh ! oui, vous avez souvent répété ces paroles... Oh ! que ce calice s'éloigne de nous... Eh bien ! que votre justice s'éloigne de nous.

2 h. 8. — (Crucifiement.)

3 h. 11. — Oh ! oui, ce Cœur, ô mon Dieu, qui brûle d'amour pour nous... oh ! oui, qu'il s'allume sur la terre !... O pauvre France, ma très-chère patrie, ce n'est que dans ce Cœur que tu trouveras la paix et le bonheur.

3 h. 50. — Oh ! oui, je vous le demande, ô Jésus, en l'honneur de votre Sacré-Cœur... O mon adorable Jésus, vous qui avez obéi aux hommes, comment ne pas vous obéir !

4 h. 25. — Oh ! l'humilité, mon Dieu... oh ! oui,

nous avons grande confiance en votre Sacré-Cœur, ô mon Dieu.

4 h. 45. — Oh! oui, nous prierons pour tous ces frères égarés... oh! oui, faites-leur miséricorde, à tous, mon Dieu... oh! oui, pour la sainte Église... oui, votre fille bien-aimée, pour la France.

5 h. 13. — O chère sœur, oh! oui, c'est fini... oh! de grâce, oui...

5 h. 27. — Oh! oui, ce lieu béni... oh! oui, mon Dieu, force, courage et résignation, je vous le demande... oh! oui, que votre sainte volonté se fasse, ô mon Dieu... Oh! oui, Seigneur, puisque ce bon Père vous est si agréable, accordez-lui les grâces qui lui sont nécessaires pour accomplir son ministère. (En ce moment, elle avait à la main un chapelet indulgencié par le Supérieur des missionnaires de Lourdes.)

5 h. 55. — Pardonnez-lui, Seigneur.

6 h. 10. — O mon Dieu, oh! je m'y soumets, oui.

6 h. 25. — Bénissez-nous tous, ô mon Dieu.

6 h. 40. — O quel regard de bonté, tendre mère!... Oh! oui, Sainte Vierge, je vous le demande, oh! de grâce... oh! oui... je suis la plus indigne de vos enfants.

6 h. 49. — (Elle présente le chapelet qu'elle tient à la main.) Oh! oui, mère de douleurs...

6 h. 50. — O Sainte Vierge, bénissez-nous tous, intercédez pour nous... oh! surtout à l'heure de notre mort, ne nous abandonnez pas.

6 h. 55. — (Fin de la manifestation.)

## Manifestation du 25 juin.

L'extase a commencé à une heure 11 m., et s'est terminée à 6 heures 18 m. Berguille a prononcé les paroles suivantes :

1 h. 16. — (Chemin de la Croix.)

1 h. 23. — Oh! oui, mon Dieu.

1 h. 28. — Oh! oui, mon Dieu, la force et le courage de pouvoir vous suivre dans cette route du Calvaire.

1 h. 30. — Oh! oui, beaucoup de larmes, pour pleurer mes péchés... O mon Dieu! (1re chute.)

1 h. 38. — Oh! ces mains liées, ô mon Dieu!

1 h. 54. — (2e chute.)

2 h. 4. — O mon aimable Jésus, vous allez retomber encore... Oui, c'est bien pour nous montrer que nous retombons toujours dans les mêmes péchés... Oh! quelle ingratitude! Pour moi, je vous en demande bien pardon. (3e chute.)

2 h. 10. — O sainte Mère!... oh! je voudrais adoucir vos douleurs et vos souffrances, mais elles redoublent toujours... oh! oui, mère de douleur...

2 h. 18. — Oh! oui, mon Dieu, c'est pour nous recevoir que vous étendez vos bras... Oh! quelle bonté! quelle compassion pour moi!... Oh! pour les plus grands pécheurs!... O mon Dieu. je suis bien indigne de paraître devant vous.

2 h. 19. — Oh! oui, je suis bien résignée à souffrir pour tous les pécheurs. Oui, convertissez-les,

Seigneur... Oh ! *fiat, fiat,* je vous le répète, o mon Dieu !

2 h. 25. — (Crucifiement.)

3 h. 24. — Oh ! réchauffez mon cœur, ô mon Dieu!

3 h. 40. — Oh ! oui, la sainte Eglise... Oh ! oui, pour la France entière... Oh ! oui, pauvre Italie !... Oh ! c'est le plus grand ennemi de la religion, de la sainte Eglise... Oh ! oui, convertissez-le, je vous en supplie... Oh ! oui, c'est pour la trahison du Saint-Père... Oh ! oui, Seigneur.

3 h. 50. — Oh ! oui, je la vois, oh ! oui, mon Dieu, cette belle fleur, oh ! oui, ce lis blanc qui fleurit sur toute la terre.

3 h. 55. — O cher Pie IX ! Oh ! oui, avec cette belle couronne blanche, vous triompherez de tous vos ennemis. Oui... Eloignez de nous les dangers qui nous menacent... Oh ! ayez compassion d'eux... Oh ! oui, faites-leur miséricorde, ô mon Dieu!... Oh !... de prier pour ces malheureux, oui...

5 h. 20. — Oh ! oui, ces pauvres âmes qui sont désespérées... priez pour elles.

5 h. 45. — Oh ! quels cris de douleur de tous côtés !... Oh ! ayez pitié et compassion. Mon Dieu, apaisez votre justice. (Elle voit se dérouler sous ses yeux le tableau de la terrible inondation qui désole en ce moment une partie de la France.)

6 h. 9. — Oh ! oui, bénissez-nous, ô mon Dieu... Oh ! oui, bénissez-nous tous... Oh ! oui, je vous prie pour ce monde infortuné... O Sainte Vierge, ayez compassion pour eux, intercédez pour eux auprès de votre divin Fils. (Elle récite le *Magnificat.*)

6 h. 15. — Oh ! oui, sainte Radegonde. (Elle présente une relique de cette sainte.)

6 h. 16. — Oh! oui, Sainte Vierge, intercédez pour nous... Bénissez-nous... O mon Dieu, ô Marie, bénissez-nous.

Pendant cette manifestation, la Sainte Vierge paraissait accablée de tristesse, et cette tristesse se réflétait sur le visage de Berguille, qui a pleuré longtemps comme elle. Berguille ayant voulu lui présenter une demande, la divine Mère a répondu : « Ce n'est pas le moment, occupons-nous de prier. » Elle a déroulé sous les yeux de la voyante le tableau navrant de l'inondation qui désolait en ce moment une partie de la France. en lui recommandant de prier pour les victimes qui allaient paraître devant Dieu. Cette catastrophe n'est que le prélude de malheurs plus grands. Nous avons à redouter la peste, la famine et la guerre, si l'on ne se convertit pas.

La Sainte Vierge a désigné encore à Berguille le grand paladin de la révolution cosmopolite, qui siége aujourd'hui au premier rang dans le conseil de Rome. Nul doute que les honneurs accordés à cet odieux ennemi de l'Eglise et du pape, n'attirent bientôt sur l'Italie les terribles châtiments dont elle est menacée.

La divine Mère a donné aussi à Berguille l'espérance du prochain triomphe, en lui montrant la fleur symbolique du lis répandue sur toute la terre et le Saint-Père délivré par ce signe sacré. Puissions-nous voir bientôt la réalisation de cette espérance !

## Manifestation du 2 juillet.

La manifestation du 2 juillet a été signalée par un fait d'une gravité et d'une importance exceptionnelles. Une personne avait remis à la Voyante, pour la faire bénir, une image de Notre-Dame des Anges, marquée d'une croix par le personnage divin qui apparaît dans la paroisse de Mourens (1). Pendant l'extase, Notre-Seigneur a demandé cette gravure et l'a touchée en souriant. Alors Berguille l'a prié de vouloir bien donner un signe prouvant que c'est lui-même qui apparaît à Mourens, comme certains faits tendent à le démontrer. Aussitôt elle a vu, au milieu d'une lumière éclatante, se détacher de la tête ensanglantée du Sauveur une goutte de sang qui s'est déposée au dos de l'image qu'elle tenait à la main. Quatre ou cinq personnes présentes ont parfaitement vu cette goutte de sang sur la gravure, au moment même où elle venait de se déposer ; ce sang était frais et vermeil. Berguille a témoigné pendant l'extase la plus grande vénération pour cette insigne relique. Elle a baisé l'image avec le plus profond respect, et l'a tenue longtemps entre ses doigts, sans qu'on ait pu la lui enlever. Il m'a été donné de voir et de toucher cette pré-

---

(1) Voir la note II à la fin du volume.

cieuse image, qui m'a été confiée pendant plusieurs jours ; la trace sanglante apparaît d'une manière indubitable. Ainsi se trouve confirmée de la façon la plus merveilleuse la divinité des apparitions de Mourens.

Pendant cette belle manifestation du 2 juillet, la Sainte Vierge a fait voir à Berguille le magnifique autel qui lui sera consacré dans la basilique de Fontet, et l'inscription qui doit le surmonter. Cette inscription portait :

« Salut, ô Reine immaculée des Anges, Notre-Dame de Fontet. »

La Sainte Vierge s'est plaint de ce qu'on ne récitait pas assez le chapelet, cette prière qui lui est si agréable. On doit déplorer en effet le relâchement des fidèles par rapport à cette dévotion salutaire, qui a produit tant de fruits de conversion et de salut. L'histoire de saint Dominique est là pour attester l'influence vraiment prodigieuse du chapelet, lorsqu'il entre dans les habitudes pieuses du peuple. Le retour à cette sainte pratique suffirait peut-être pour régénérer le monde. Je dois signaler enfin un dernier fait qui a vivement impressionné les personnes présentes. Au moment où la cloche du soir se faisait entendre pour annoncer l'*Angelus*, Berguille s'est mise à genoux sur son lit, elle a joint les mains et a récité cette belle prière en latin, puis elle a repris sa position primitive. Il était alors huit heures et demie environ ; l'extase n'a pas tardé à finir, comme on le verra dans les paroles de Berguille, que je vais maintenant reproduire :

1 h. 4. — (Commencement de l'extase.)

1 h. 10. — (Communion ; hostie vue par deux personnes.)

1 h. 15. — (Commencement du chemin de la Croix.)

1 h. 30. — (Première chute.)

1 h. 35. — O victime adorable, ô mon Jésus, oui, je suis prête à tout souffrir, et même à mourir, s'il le faut, pour la conversion des pécheurs... Oh ! *fiat ! fiat !*... mon cœur... de crier jusqu'à mon dernier soupir.

1 h. 47. — Oh ! ce corps mis à nu !... Dépouillez-nous, mon Dieu, de tous nos péchés.

1 h. 52. — (Crucifiement.)

2 h. 40. — Oui, c'est bien vous, ô mon Dieu... Rien qu'une goutte de votre sang... Oui, mon Dieu, vous donnez bien un signe... Ce n'est pas pour moi, c'est pour lui que je vous le demande... Oui, vous l'avez convertie, oh ! oui, cette paroisse (Mourens). Quelle consolation pour votre ministre !... De grâce, la lumière, oui, pour accomplir cette dévotion à votre Sacré Cœur... (Il s'agit de la Confrérie du Sacré-Cœur, érigée dans la paroisse de Mourens par les soins de M. le Curé, d'après l'inspiration du personnage divin qui apparaît dans cette paroisse.)... Oh! cette goutte de sang si précieuse, mon Dieu! (C'est la goutte de sang qui vient d'être déposée sur la gravure de Notre-Dame des Anges.)

2 h. 50. — O adorable Jésus ! (Berguille baise l'image de Notre-Dame des Anges, sur laquelle on aperçoit une goutte de sang frais et vermeil.)

3 h. 9. — Oh ! oui, mon Dieu, éloignez ces fléaux encore, oh ! oui, cette peste, cette famine... Oui, nous ferons pénitence... Oh ! oui, nous le méritons bien par nos iniquités... Oh ! je vous en supplie, mon Dieu, protégez-nous.

4 h. — Oh! oui, Seigneur, cet acte d'amour...

5 h. 30. — Oh ! oui, ô Jésus !... Oh ! ce nom si

doux à mon cœur!... Oh! oui, par votre sainte
et adorable Trinité. (Elle présente deux petits pa-
quets renfermant des images de la Sainte-Trinité.)

7 h. 30. — O Sainte Vierge, intercédez pour
nous... Oh! oui, retenez-le, ce bras, qui est prêt à
nous frapper encore... Oh! oui, Reine immaculée
des Anges, ce sont nos blasphèmes et la profanation de ce saint jour...

7 h. 34. — Oh! oui, Sainte Vierge, nous sommes
tous vos enfants... Oh! il n'en sera plus ainsi...
Oh! oui, ce chapelet, je vous le promets tous les
jours de ma vie.

7 h. 40. — Oh! oui, cette belle patrie, qui vous
a été si chère... Oh! oui, ce sera comme un coup
de foudre... Oh! oui, demandez grâce pour nous...
Oh! oui, je me résigne à votre sainte et adorable
volonté... Oh! oui, ce n'est que pour la conversion
des pécheurs... Oh! oui, bonne Mère, puisque c'est
dans ce même lieu que vous voulez être honorée
sous ce beau titre : *Reine immaculée des Anges.
Notre-Dame de Fontet...* Oh! oui, dans ce beau jour,
quel triomphe, ô Marie, ô Sainte Vierge!

7 h. 52. — Oh! oui, les grâces couleront en
abondance... Oh! oui, c'est pour votre honneur et
votre gloire... Oui, je suis prête à tout supporter,
ô Sainte Vierge... Oh! en particulier, pour cette
paroisse... Je vous le demande pour tous.

8 h. 14. — (Elle récite le *Salve regina*, puis le
*Magnificat.*)

8 h. 20. — Oui, amour, honneur et louange à la
Reine immaculée.

8 h. 25. — Oh! ce magnifique autel! (Il s'agit
de la basilique de Fontet.) Oh! oui, ces lettres qui
se font... (Berguille veut parler de l'inscription qui
surmonte l'autel, et dont les lettres se forment successivement sous ses yeux. Cette inscription porte :
« Salut, ô Reine immaculée des Anges, Notre-Dame
de Fontet. »)

8 h. 27. — Oh! je vous salue, ô Notre-Dame de Fontet... oh! je vous salue, oui...

8 h. 39. — (Elle récite l'*Angelus* à genoux, au moment où on le sonne.)

8 h. 40. — (Elle présente les objets de piété.)

8 h. 41. — Oh! oui, Sainte Vierge, bénissez-nous. (Signe de croix.)

8 h. 44. — (Fin de l'extase.)

## Manifestation du 9 juillet.

Une vingtaine de personnes étaient présentes ce jour-là à la manifestation ; quatorze ont vu la sainte hostie sur la langue de Berguille, au moment de la communion mystique. Notre-Seigneur a expliqué à la Voyante que ces quatorze personnes avaient obtenu ce privilége en l'honneur des quatorze stations du chemin de la croix.

La Sainte Vierge a beaucoup parlé à Berguille des malheurs qui nous menacent, en déplorant l'aveuglement des hommes qui ferment obstinément les yeux à la lumière. Elle a recommandé encore la dévotion du chapelet, en expliquant les prières qui le composent. J'ai déjà eu l'occasion d'insister sur l'importance de cette pratique de piété. Nulle pratique, après la dévotion au Sacré-Cœur de Jésus, ne paraît plus propre à attirer sur nous les bénédictions et les secours divins dont nous avons besoin pour être sauvés.

Voici les paroles prononcées par la voyante dans le cours de cette manifestation.

1 h. 25. — (Commencement de l'extase.)
1 h. 38. — (Communion mystique. Hostie vue par quatorze personnes.)
1 h. 55. — (Première chute.)
2 h. 6. — (Deuxième chute.)
2 h. 15. — (Troisième chute.)
2 h. 17. — O face adorable de mon Jésus !...

Vous qui vous êtes étendu sur l'arbre de la croix, et qui venez encore par pitié pour nous, jetez un regard de compassion sur nous, pauvres pécheurs. O Sacré-Cœur de Jésus, ayez pitié de nous… *Sit nomen Domini benedictum.*

2 h. 24. — Oh! oui, je vous le demande par le mérite de vos souffrances, ô Jésus… Oh! oui, ce cœur qui perce cette chair sacrée… Oh! oui, mon Dieu, percez le mien aussi.

2 h. 34. — Crucifiement.)

3 h. 51. — Oh! oui, convertissez-le, mon Dieu… Oui, en ce moment, les malheurs vont encore fondre sur nous… On ferme les yeux à la lumière, oh! oui, mon Dieu…, ayez pitié de nous, mon Dieu, protégez-nous, oh! oui, au milieu de tant de pécheurs… Oh! oui, j'ai mon cœur qui tremble à la vue de ces tristes jours, mon Dieu.

3 h. 58. — Oh! que vous êtes bon, ô mon Dieu, de nous avertir ainsi!… Oh! quel peu de sacrifices vous nous demandez, Seigneur… Oui, je vous le promets… oh! oui, l'humilité.

4 h. — Oh! que de deuil et de tristesse partout… Ce n'est pas seulement en France, mais dans le monde entier… Oh! oui, mon Dieu, je vous fais amende honorable pour tous… oh! oui, pour toutes les injures et les blasphèmes qui se font, mon Dieu… Oh! la grâce que je vous demande au pied de la croix, oh! je vous la demande pour tous mes amis, mais surtout pour tous mes ennemis… Oh! je fais le sacrifice de ma vie, mon Dieu.

4 h. 16. — Oh! oui, une parcelle de ce qui vous a fait tant souffrir, mon Dieu. (Elle présente une parcelle de la tunique du Sauveur)… O Marie-Julie, oh! oui, nous sommes heureuses de participer ensemble aux souffrances de Notre-Seigneur… Nous sommes bien indignes, oh! oui, moi, je suis la plus indigne créature de la terre, mon Dieu…

O pauvre sœur, oh ! oui, ce n'est que par l'humilité que nous vaincrons... Oh ! oui, nous sommes les instruments de Dieu sur cette misérable terre... Oh ! je ne comprends pas, mon Dieu... Oh ! ce mot quatorze... je ne comprends pas. (Il est question ici des quatorze personnes qui ont vu la sainte hostie. Berguille, ne connaissant pas le fait, ne pouvait comprendre l'explication du Sauveur.)

4 h. 48. — Oh ! oui, hommes qui souffrez, approchez-vous de Jésus. Oh ! brisez les chaînes qui vous tiennent à ce monde pervers... oh ! prenez-la, cette croix, avec amour et confiance... oh ! oui, vous la porterez avec force et courage... Oh ! oui ! mon adorable Jésus, que votre nom soit béni et loué à jamais... *Jesu Christe*...

5 h. 14. — Que de larmes, ô mon Dieu !... Oh ! oui, mon Dieu, je voudrais abréger par mes larmes vos souffrances, ô Seigneur.., *Jesum Christum Dominum nostrum*.

5 h. 15. — Oh ! oui, pour cette chère France, la paix et le bonheur ; pour la sainte Eglise, le triomphe. Je vous le demande, mon Dieu.

5 h. 17. — Oh ! pour la sainte Eglise... oh ! ce temps de calamités que nous allons traverser, mon Dieu... Oh ! oui, protégez son chef.

5 h. 20. — Oh ! oui, mon Dieu, je vous la demande, cette bénédiction. Oh ! je n'ose pas la demander pour moi, mais pour tous les pécheurs de la terre. Qu'elle se répande partout... O Sainte Vierge, oh ! c'est bien peu de chose, la prière que vous demandez : le chapelet... oui, puisqu'elle vous est si agréable, cette belle prière... Oui, le *Credo*, oui, le symbole des apôtres... la lumière du Saint Esprit... Oui, le *Pater*, cette belle prière, ô doux Jésus... Oui, l'*Ave Maria*, la prière de l'ange Gabriel et de sainte Elisabeth..... Oui, Sainte Vierge...

5 h. 26. — O Sainte Vierge, vous qui êtes la

Reine du ciel et de la terre, Reine des anges, intercédez pour nous, demandez grâce pour nous… qu'il abrége un peu les maux qui nous menacent… Oui, nous les méritons.

5 h. 35. — Oh! n'oubliez pas que vous êtes la mère de cette patrie, ô Sainte Vierge.

5 h. 45. — (Elle présente les objets à bénir).

5 h. 54. — Oh! bénissez-nous, ô Sainte Vierge.

5 h. 55. — Oh! oui, je vous salue, ô Reine immaculée des anges, Notre-Dame de Fontet.

5 h. 56. — (Fin).

## Manifestation du 16 juillet.

Cette manifestation a été remarquable par sa durée et par les terribles menaces que la Voyante a proférées pendant l'extase. Commencée le vendredi, 16 juillet, à midi 40 m., elle ne s'est terminée que le lendemain à 7 h. 20 du matin. Pendant la communion mystique, la sainte hostie a été vue encore par quatorze des personnes présentes. Je ne puis mieux résumer les faits de cette manifestation qu'en reproduisant ici une lettre qui m'a été adressée par un témoin oculaire, de mes amis. Voici cette lettre :

« Vendredi dernier, j'ai eu le bonheur d'être au nombre des quatorze personnes qui ont vu très-distinctement la sainte hostie sur la langue de notre pieuse Berguille, pendant la communion mystique. Cette hostie, d'une blancheur éclatante, avait une grandeur intermédiaire entre les dimensions d'une pièce de cinquante centimes et d'une pièce de un franc. mais elle se rapprochait davantage de cette dernière dimension. Berguille a avancé la langue une première fois, comme pour montrer qu'elle ne recélait aucun corps étranger, puis, après l'avoir retirée dans le palais, elle l'a avancée de nouveau. On a vu alors très-nettement sur l'extrémité antérieure une hostie très-blanche, ayant les dimensions que je viens de signaler. Tous les témoins l'ont vue de la même manière et sous la même forme ; l'illusion n'était pas possible. Berguille a reçu la sainte communion, comme toujours, avec le plus grand respect et le plus profond recueillement. J'ai assisté à toutes les phases de cette belle manifestation ; j'ai recueilli toutes les paroles prononcées par la Voyante, et je vous les transmets.

« L'extase a duré sans interruption jusqu'au samedi, 17 juillet, à 7 heures du matin. J'ai passé toute la nuit auprès de Berguille avec M. B..., l'observant attentivement. Elle pleurait presque continuellement. Les terribles malheurs qu'elle entrevoyait dans un avenir très-prochain et qu'elle a annoncés d'une manière si frappante, expliquent assez sa tristesse. Sa douleur visible n'était, comme toujours, que le reflet de la douleur invisible de Marie. La divine Mère, nous a-t-elle dit, était spécialement affligée ce jour là de la résistance des fidèles à la grâce qui les prévient d'une manière si touchante, et de l'obstination avec laquelle on ferme les yeux à la lumière.

« Le samedi matin, vers 7 heures, Berguille s'est mise à réciter la messe en latin, en union avec M. le curé qui célébrait en ce moment le saint sacrifice à l'église paroissiale. J'ai entendu divers passages, et, en particulier, la préface. Arrivée à la consécration, elle s'est arrêtée ; elle a pris un paquet de scapulaires du Sacré-Cœur, que j'avais porté ; elle l'a présenté pour le faire bénir ; elle a présenté également les différents objets qui étaient restés sur le lit, puis elle est sortie de l'extase.

« Je dois vous faire connaître un incident remarquable qui s'est produit au dernier moment. Vous verrez dans les paroles de Berguille que le samedi, vers 5 heures, elle a réclamé des prières publiques dans toutes les églises, et une intention particulière au saint sacrifice. M. B..., qui était parti pour prendre le train du chemin de fer, avait cru devoir communiquer ce fait, avant son départ, à M. le curé de Fontet. Celui-ci, touché de cette révélation, eut soin de mentionner au saint sacrifice l'intention qui lui était signalée. A midi, je vis M. le curé et je lui dis que vers 7 h. 18, Berguille avait senti que quelque chose se faisait pour elle au saint sacrifice, et que peu après elle était sortie de l'extase. M. le curé a reconnu que c'était juste le moment où il mentionnait l'intention spéciale de Berguille, et il a été très-frappé de ce fait.

« M.B... et moi nous avons remis à l'archevêché le relevé de toutes les paroles que Berguille a prononcées, en appelant d'une manière spéciale l'attention de l'autorité ecclésiastique sur cette remarquable manifestation. Nous espérons qu'avec l'aide de Dieu, la lumière se fera avant longtemps de la manière la plus complète. »

Je n'ajouterai rien à cette lettre qui résume très-bien les événements des 16 et 17 juillet. Je me contenterai de transcrire ici les paroles de Berguille.

12 h. 40. — (Commencement de l'extase).

12 h. 46. — (Communion mystique; hostie vue par quatorze personnes).

12 h. 55. — (Commencement du chemin de la croix).

1 h. 5. — (1ʳ chute).

1 h. 20. — (2ᵉ chute).

1 h. 27. — (3ᵉ chute). O mon adorable Jésus, oh ! que votre bonté est grande, votre miséricorde infinie !... Oh ! pardonnez aux pécheurs, écoutez les supplications de votre cœur... oh ! oui, je vous le demande en grâce, écoutez le repentir... *Adoramus te, Christe, benedicimus tibi quia per sanctam crucem tuam redemisti mundum...* Oh ! quelle cruauté, ô mon Dieu, en ôtant ce vêtement avec une telle rapidité !... O Sainte Vierge, quel précieux fardeau vous allez recevoir !... oh ! oui, je vous demande la force et le courage... Vous ne me laissez que la plus petite partie, ô mon Dieu.

1 h. 41. — (Crucifiement).

2 h. 22. — Oh ! oui, oh ! encore ces châtiments terribles !... Oh ! oui, ces trois châtiments, éloignez-les, je vous en supplie... Oh ! oui, je les vois arriver, mon Dieu.

2 h. 27. — Oh ! oui, que vous êtes bon de nous avertir !... Oh ! quelle irrévérence de ne pas vous écouter !

2 h. 37. — Oh ! oui, prières, pénitences, sacrifices, mon Dieu... Pour l'Espagne, l'Italie, la Russie, et en particulier la France.

3 h. 19. — Oh ! oui, mon Dieu, que je voudrais vous aimer et vous faire aimer !... Oh ! réchauffez ce cœur, ô mon Dieu, qui se glace... Oh ! oui, encore ces blasphèmes, cette profanation, mon Dieu, pardonnez-leur... ayez pitié de nous, Jésus... Oh ! oui, je me soumets à votre sainte et adorable volonté... Oh ! je vous demande seulement force et courage, oh ! oui, mon Dieu.

3 h. 20. — Oh ! ce n'est pas grand ce sacrifice, mon Dieu, oui, avec le secours de votre grâce... Oh ! oui, le triomphe prochain de la sainte Église... Oh ! qu'il ait le bonheur de voir s'accomplir le riomphe... Oh ! je vous en conjure, ô mon Dieu, etenez ce bras qui est prêt à retomber sur nous... ʰh ! éloignez de nous votre justice, ô mon Dieu...

Oui, nous sommes tous vos enfants ; mon Dieu, pardonnez-nous.

3 h. 49. — Oui, je suis bien indigne de vous demander ces grâces... Je vous les demande pour tous... Oh ! que de larmes qui coulent, mon Dieu... Oh ! oui, toutes ces créatures qui vont se perdre encore !... Oh ! si leurs corps se perdent, sauvez leurs âmes... Oh ! oui, nous le méritons, ce sont nos péchés qui en sont cause... Pardonnez-nous, mon Dieu... oh ! oui, mon Dieu, puisque nos larmes sont comptées, je vous en demande beaucoup, pour pleurer mes péchés... O mon Dieu, oh ! je me sens si indigne ! oh ! je me sens si coupable ! pardonnez-moi, je vous en supplie... Je vous le demande pour mes plus grands ennemis surtout... O face adorable de mon Seigneur Jésus !... Je vous le demande, ô face adorable... oh ! oui, bienheureuse sainte Véronique, vous qui avez traversé la foule pour essuyer cette sainte face... Patience et résignation...

4 h. 27. — O Marie-Julie, que de tristes choses nous voyons aujourd'hui !

4 h. 30. — Oui, c'est à mesure que les événements s'approchent, que nos souffrances redoublent... Oh ! oui, je le vois, ce moment où vos souffrances vont finir, oh ! ne m'oubliez pas, chère sœur... Une bénédiction particulière. (Elle présente un chapelet)... *Deus qui culpa.* etc... *Agnus Dei qui,* etc... (Trois fois, en présentant un *Agnus Dei*).

5 h. 30. — Oh ! oui, ces prédictions malheureuses qui s'accomplissent. O Notre-Dame de la Salette, priez pour nous. (Elle présente une médaille de la Salette, qu'elle a choisie entre plusieurs autres.)

Oh ! oui, bonne Mère, vous avez parcouru et vous parcourez encore le monde entier pour nous faire ouvrir les yeux.

5 h. 52. — O Vierge sainte, quelle bonté! Oh! vous quittez encore ce beau ciel pour descendre sur cette maudite terre!... Oh! c'est pour sauver le peuple... Ce n'est que par vous qu'on peut aller à Jésus... O bienheureux saint François d'Assise, priez pour nous (elle présente une gravure de saint François d'Assise)... Oh! je vous en supplie, demandez grâce pour les pécheurs... Oh! béni soit celui qui vient au nom du Seigneur... Oui, force, courage et résignation... Oh! réchauffez mon cœur, ô mon Dieu, qui se glace.

7 h. 15. — O pauvre... j'ai crié vers vous, Seigneur... Augmentez sa foi et sa confiance; donnez-lui les lumières nécessaires... O Vierge sainte, ne m'abandonnez pas. (Elle récite l'*Angelus* à genoux sur son lit, puis la prière du soir)... O mon adorable Jésus, écoutez les prières de vos enfants, je vous en supplie... Oh! de grâce, protégez-nous... Oh! éloignez-là, cette famine, ô mon Dieu... Je vous salue, ô Notre-Dame des Anges... Cœur sacré de Marie, priez pour nous.

10 h. 30. — Ayez pitié de moi, mon Dieu... Oh! oui, mon Dieu, je vous demande bien pardon... Oh! oui, si mes souffrances pouvaient servir à convertir quelques pécheurs... Je vous l'offre, cette soif, mon Dieu, oui, pour pénitence.

(L'extase continue toute la nuit.)

*Samedi matin.*

4 h. 10. — O Vierge sainte, pourquoi ne pas faire des prières publiques dans toutes les églises, pour abréger les calamités terribles que nous traversons, et celles plus terribles encore que nous avons à traverser!

5 h. 40. — Oui, seulement, une intention au saint sacrifice.

5 h. 45. — O Vierge sainte, demandez grâce à votre cher Fils pour tous, et en particulier pour cette jeunesse si corrompue... Un jour viendra où on demandera grâce, mais il sera trop tard.

7 h. 10. — (Elle récite en latin les prières de la messe, qui se dit en ce moment à l'église paroissiale, jusqu'à l'élévation. Elle présente alors les objets de piété.)

7 h. 20. — (Fin de l'extase.)

## Manifestation du 23 juillet.

L'extase a commencé à midi 43 minutes, et s'est terminée à 5 h. 24. Voici les paroles que Berguille a prononcées.

12 h. 43. — (Commencement de l'extase.)

12 h. 47. — (Commencement du chemin de croix.)

1 h. — (1ʳᵉ chute.)

1 h. 17. — (2ᵉ chute.)

1 h. 27. — (3ᵉ chute.) — O Sainte Vierge, vous qui daignez m'honorer de votre présence, écoutez les supplications de vos enfants. O Mère chérie, ne rejetez pas ma prière... Oh! si vous voulez m'en croire, transmettez-le à votre divin fils... Oui, avec le sentiment de ma foi la plus vive.

1 h. 44. — Oh! de grâce, Mère chérie, je me prosterne à vos pieds; obtenez-nous grâce, miséricorde et pardon... O Seigneur Jésus, voilà le moment où votre supplice va finir.

1 h. 45. (Crucifiement.)

3 h. 6. — Oh! oui, l'humilité... Oh! je vous remercie beaucoup, oui, de cette épreuve et de cette humiliation... Oh! oui, mon Dieu.

3 h. 50. — Oui, je vous le demande pour la sainte Eglise catholique, apostolique et romaine..... O bienheureux martyr saint Pierre!..... O bienheureux Pie IX! Oh! protégez-le, mon Dieu, je vous en supplie, oui, jusqu'au dernier jour de sa vie. Oh! la grâce que je vous demande, ô mon Dieu, c'est qu'il puisse voir bientôt le triomphe... Oh! cette Eglise si huée, si menacée, ô mon Dieu! O bienheureux Saints, qui avez tant de pouvoir

dans le ciel et sur la terre!... Priez pour nous, ô saint Benoît (elle présente une médaille de saint Benoît).

4 h. 15. — Oh! oui, saint Cœur, qui nous avez tant aimés et qui nous aimez toujours... Oh! je vous le demande par votre Sacré-Cœur, ô mon Dieu. Vous savez bien les promesses faites à la bienheureuse Marguerite-Marie... O Cœur de Jésus, ayez pitié de nous... Oh! ce cœur si rayonnant d'amour pour nous !... Oh! faites que ce fait s'accomplisse, je vous le demande... Oh! oui, par toute la terre... Oh! que je voudrais aimer ce Cœur, ô mon Dieu, et le faire aimer!... Oh! oui... O Marie-Julie, qui me montrez en ce moment une si belle gravure du Sacré-Cœur... Oui, mon Dieu, ce cœur qui s'est sacrifié pour nous... oui, qui se sacrifie tous les jours... oh! oui, qui descend jusqu'à nous... Oh! que vous êtes bon, mon Dieu!... Oh! changez mon cœur, ô Jésus, afin qu'il devienne semblable au vôtre.

4 h. 21. — O Vierge sainte, c'est vous la première qui nous avez appris à aimer ce Cœur.

4 h. 25. — O chère sœur, je vous l'entends répéter, ce beau cantique, ce refrain du Sacré-Cœur... Oh! oui, ce nom du Sacré-Cœur, si doux !... Oh! les anges le répètent continuellement... ce doux chant... au nom du Sacré-Cœur !...

4 h. 35. — Oh! sous ce nom, sous ce titre, oui... Oui, ce sera le onzième jour, oui, le onzième jour, ô Vierge immaculée (c'est-à-dire, le 2 août, fête de Notre-Dame des Anges. Il s'agit d'une neuvaine que la Sainte Vierge demandait à Berguille comme préparation à cette fête, dans le but d'obtenir une très-grande grâce)... *O crux, ave, spes unica, etc...* (Elle présente une croix.)

4 h. 55. — Oui, chère sœur, c'est dans cinq minutes que vous allez en sortir... Oh! le démon est bien irrité contre nous!... Il fait de grands ravages. . Il est prêt à être enchaîné.

5 h. — Oh! la bénédiction du Saint-Père (Elle présente une médaille bénite par le pape)... Oh! cette soif si ardente, ô mon Dieu!... Oh! je vous l'offre pour pénitence... Oh! je la vois disparaître, cette croix, ô Marie-Julie (celle de Marie-Julie)... Prions pour combattre ce démon acharné... O mon adorable Jésus, bénissez-nous, et que cette bénédiction se répande sur nous tous... Oh! je vous le demande, Vierge sainte, pour votre plus grande gloire.

5 h. 15. — Oui, je suis bien indigne de vous demander cette grâce.

5 h. 17. — (Elle se met à genoux sur le lit et présente les objets à bénir.)

5 h. 21. — Oh! bénissez-nous, ô Vierge sainte, protégez-nous, demandez grâce pour nous, mais surtout à l'heure de notre mort.

5 h. 24. — (Signe de croix et fin.)

Pendant cette manifestation. il n'y a pas eu de communion mystique. C'est sans doute l'épreuve à laquelle Berguille fait allusion dans les paroles qu'elle a prononcées vers 3 heures. Quant à l'humiliation dont elle parle en même temps, elle résulte de l'indiscrétion de deux personnes présentes, évidemment animées de sentiments hostiles, qui ont voulu vérifier avant l'extase la bouche de Berguille, pour s'assurer qu'elle ne recélait pas quelque hostie cachée. Notre-Seigneur n'a pas voulu favoriser sans doute une expérience aussi indiscrète, et il a privé Berguille de la communion, pour témoigner combien cette défiance l'offensait. La Voyante a, du reste, accueilli cette épreuve et cette humiliation avec une résignation admirable, allant jusqu'à en remercier le divin maître pendant l'extase.

Les deux personnes dont il est question ont dit d'abord qu'elles avaient *cru apercevoir* une hostie dans la bouche de Berguille; mais leur témoignage a été infirmé par la déclaration de plusieurs autres témoins honorables affirmant qu'on n'y voyait rien. Elles sont sorties avant la fin de l'extase, et elles sont allées dire partout qu'elles étaient *sûres* d'avoir vu une hostie dans la bouche de Berguille, et que si la Voyante n'avait pas fait la communion comme à l'ordinaire, c'est qu'elle avait avalé l'hostie, pour faire disparaître le corps du délit.

Il ne serait pas difficile de réfuter cette odieuse et grossière calomnie, mais je ne m'arrêterai pas là ; mes lecteurs comprendront suffisamment combien une semblable accusation est insoutenable. Pour ceux qui connaissent la droiture et la sincérité de Berguille, ils n'en seront même pas touchés. Quant aux autres, ils auront à se demander comment la Voyante peut garder dans la bouche pendant des heures entières, sans qu'elle se dissolve, une hostie préparée d'avance, de manière à la produire intacte à un moment donné sur l'extrémité de la langue. Ils auront à se demander encore comment on peut concilier cette supercherie avec la réalité de l'extase. Je veux seulement tirer de ce fait un enseignement. Il est des personnes qui ne reculent devant aucune infamie pour perdre dans l'opinion publique les manifestations de Fontet. En cela elles font admirablement les affaires du diable, dont ces manifestations excitent la rage au plus haut point. Mais le démon est sur le point d'être enchaîné, la manifestation du 23 juillet nous en donne l'assurance formelle; avec lui disparaîtront tous les suppôts de l'enfer.

## Manifestation du 30 juillet.

Cette manifestation n'a offert aucun incident remarquable; je me bornerai à reproduire les paroles de Berguille.

Midi 45. — (Commencement de l'extase.)

13 h. 57. — (Commencement du chemin de croix. Un prêtre étranger jette de l'eau bénite sur Berguille pour voir si elle n'est pas le jouet du démon; la Voyante y répond par un signe de croix.)

1 h. 30. — *Quia per sanctam crucem tuam rede-misti mundum...* O Sainte Vierge, c'est au pied de la croix que je vous le demande: oui, je vous le demande pour lui.

2 h. — (Crucifiement.)

2 h. 20. — Oh! je vous demande pardon pour lui; pardonnez-lui, je vous en supplie... Oui, toutes les épreuves... Je me soumets à votre sainte volonté... Oh! je vous demande la lumière pour eux, et la résignation et l'humilité pour moi... O Pie IX!... Protégez-nous, intercédez pour nous. — Oh! protégez-le, conservez-le, donnez-lui la paix; il est bien éprouvé... Oui, ce pauvre pays, donnez-lui la paix, je vous en supplie... Donnez lui la grâce de triompher toujours!

3 h. 8. — Oh! je ne suis pas digne de le toucher, non, mon Dieu... Oh! dans ce Sacrement, où vous êtes si offensé, mon Dieu.

3 h. 20. — Oh! c'est don Carlos... Oui, il défend, pour votre gloire, oui... O bienheureuse Marguerite-Marie, c'est vous la première qui avez établi la dé-

votion au Sacré-Cœur, malgré toutes les difficultés.
O mon adorable Jésus, vous avez permis que ça se
répande... Oh! oui, c'est par ce Cœur sacré que
vous voulez nous sauver... Oh! oui, je vous demande le changement de tant de cœurs, mon Dieu.

3 h. 34. — Oh! je les vois prier, ces cœurs tout
autour de moi, mon Dieu... Oh! oui, ô Reine immaculée des anges, Notre-Dame de Fontet... Oh! ce
beau titre, ô Sainte Vierge!... oh! que de grâces,
que de grâces qui se perdent!... Éclairez-le, oui,
je vous en supplie... Oh! c'est pour votre gloire...
Enlevez tous ces obstacles... Oui, l'obéissance à
l'Église... Oh! puisque vous voulez être honorée
sous ce titre, vous le pouvez, quand vous voudrez,
ô Notre-Dame des Anges.., Oui, chassez-les, tous
ces démons... Oh! ils ne feront pas tomber votre
œuvre, ô Sainte Vierge... Oh! je sais que depuis le
commencement, vous avez le pouvoir de lui écraser
la tête; vous l'aurez jusqu'à la fin des siècles...
Oh! donnez-moi la force et le courage; que je ne
retombe jamais!... Oh! c'est en vous que j'ai tout
mon espoir et ma confiance... Oh! je vous demande
la foi pour eux, oui... Oh! je vous la demande pour
tous, en particulier pour tous les prêtres... pour
lui en particulier, pour ses supérieurs... O Notre-
Dame de France, priez pour nous, intercédez pour
nous! Pauvre France!... Oh! intercédez pour elle...
Oh! que votre saint nom soit béni!

5 h. — (Elle se met à genoux sur le lit.)

5 h. 5. — O saint Benoît, vous qui avez le pouvoir de chasser le démon... Oh! pardonnez-les
tous... Intercédez pour lui... O Vierge sainte, bénissez-nous tous... O Reine immaculée des anges,
Notre-Dame de Fontet, oh! oui, vous qui rendez la
vue aux aveugles et le mouvement aux paralyti-
ques... Oh! oui pour ce quatrième jour... (c'est-à-
dire le 2 août, fête de Notre-Dame des Anges.) Pour
votre plus grande gloire. (Il s'agit d'un aveugle

reconnu incurable, dont la Sainte Vierge a prédit à Berguille la guérison miraculeuse pour le 2 août. C'est la grâce demandée par la neuvaine dont il a été question dans la manifestation précédente)... Oh! oui, Marie, oui, éclairez les yeux de leurs âmes... Oh! les yeux de la foi, oui, Sainte Vierge.

5 h. 11. — Oh! ce magnifique autel!... Quand sera ce beau jour de gloire, ô ma Mère ?... oh! salut encore, ô Reine immaculée des Anges, Notre-Dame de Fontet... Oh! oui, Sainte Vierge, oh! après vous avoir aimée, oh! je désire vous honorer dans le ciel. Oh! je vous demande cette grâce pour tous.

5 h. 17. — (Fin.)

Je dois ajouter que la communion mystique a eu lieu, comme à l'ordinaire, mais aucun des assistants n'a eu le privilége de voir la sainte hostie.

## La guérison du 2 août.

Le 2 août 1875 restera célèbre dans les fastes de Fontet. Ce jour a été marqué par un prodige éclatant, par une insigne guérison. Il s'agit d'un homme, atteint de cécité complète, qui a recouvré la vue en invoquant Notre-Dame de Fontet dans la chambre miraculeuse, avec cette circonstance particulièrement frappante que Berguille, sous l'inspiration de la Sainte Vierge, avait annoncé d'avance sa guérison pour le jour indiqué. Ce fait mérite, par son importance, une attention spéciale, et je vais le raconter avec quelques détails.

Depuis longtemps déjà, la Sainte Vierge avait annoncé à Berguille qu'au mois d'août 1875 elle guérirait un aveugle, nominativement désigné. C'était Pierre Délas, habitant la commune de Bourdelles, atteint depuis plusieurs années de cécité complète, ainsi que cela résulte d'un certificat délivré, au mois de décembre 1872, par M. Duprada, médecin à la Réole (1). Cet homme, âgé de quarante ans environ et père de famille, est connu dans toutes les localités voisines. Après avoir épuisé tous les secours de la médecine, il

______

(1) Voir la note IV, à la fin du volume.

s'était adressé à la Sainte Vierge, et avait sollicité vainement sa guérison à Lorette, à Verdelais et à Lourdes. Il eut enfin l'idée de recourir à Notre-Dame de Fontet. Un jour il vint prier Berguille de le recommander à la Sainte Vierge pendant une apparition. Berguille le lui promit et l'engagea à prier avec confiance, lui faisant espérer un secours particulier de la Reine des anges. La divine Mère accueillit en effet la demande avec bonté et promit la guérison. Encouragé par cette promesse, Délas redoubla de ferveur dans ses prières, et sa foi devint tellement vive qu'il allait répétant partout qu'il serait bientôt guéri par Notre-Dame de Fontet. En récompense de sa foi, la Sainte Vierge lui accorda d'abord la faveur d'apercevoir la statue qui orne la petite chapelle de Berguille. On arriva ainsi au 23 juillet. Ce jour-là, la Sainte Vierge recommanda à Berguille de faire une neuvaine dans le but d'obtenir la guérison de l'aveugle. Berguille fit la neuvaine et plusieurs personnes s'y associèrent. Enfin, le 30 juillet, la divine Mère annonça qu'elle guérirait Délas le 2 août, fête de Notre-Dame des Anges. Cette nouvelle, confirmée par les paroles de l'extase, se répandit bientôt de tous côtés, et on attendit avec impatience le jour fixé.

Bénie soit la Reine immaculée des anges, qui a voulu donner, le 2 août, une preuve irréfragable de son intervention dans les manifestations de Fontet! L'aveugle a été guéri, selon la promesse faite à Berguille.

Le 2 août, Délas s'est rendu à l'église de Fontet, conduit par un de ses enfants. Il a entendu la messe et reçu la sainte commmunion avec un profond recueillement. Après la messe, il est sorti de l'église, pour se rendre chez Berguille. En traversant le cimetière, il a pu lire déjà quelques inscriptions gravées sur les tombes. Arrivé dans la chambre des apparitions, il s'est mis à genoux devant la petite statue de la chapelle, et là il a prié avec ferveur. Plusieurs personnes qui l'avaient suivi, pour être témoins du prodige, joignaient leurs prières aux siennes. A mesure qu'il priait, sa vue devenait de plus en plus claire ; bientôt il a pu distinguer nettement les personnes et les objets qui l'entouraient. Alors sa joie a fait explosion, et il s'est pris à pleurer. L'émotion a gagné tous les assistants, qui ont versé, comme lui, de bien douces larmes L'enfant qui l'accompagnait a pleuré aussi, disant dans son langage naïf : « Maintenant je pourrai aller à l'école. »

Après ce premier moment d'émotion, on a apporté un journal, pour apprécier le degré de la guérison. Délas a lu sans peine les caractères moyens, il éprouvait quelque difficulté pour lire les petits caractères, mais il espérait que la Sainte Vierge, complétant le prodige, rendrait à sa vue toute sa netteté primitive (1). Il a déclaré, dans tous les cas, qu'il avait été exaucé bien au-delà de ses désirs, car il demandait seulement à pouvoir se conduire, et il pourrait vaquer à tous les

---

(1) Son espoir n'a pas été trompé : il lit aujourd'hui les plus petits caractères.

travaux de sa profession. Il s'est retiré sans guide, promettant de revenir le vendredi suivant chez Berguille, pour remercier la Sainte Vierge pendant son apparition.

La nouvelle de cette guérison s'est répandue de tous côtés avec la rapidité de l'éclair, et partout les croyants ont béni Notre-Dame de Fontet de cette faveur insigne, en lui demandant d'ouvrir aussi les yeux à tant d'aveugles intellectuels, qui refusent obstinément la lumière. Hélas! il y en aura encore un grand nombre qui ne voudront pas reconnaître le prodige, tant le cœur humain est rebelle à la vérité! Mais celle qui a rendu la vue à l'aveugle Délas saura bien faire éclater la lumière et triompher la vérité. Puisse cet écrit hâter ce moment si désiré, et contribuer un peu à la gloire de la Reine immaculée des anges, Notre-Dame de Fontet!

# CONCLUSION


Ainsi que je l'avais pressenti, le miracle du deux août a eu ses contradicteurs. Délas est venu le vendredi suivant chez Berguille, selon sa promesse, pour remercier la Très-Sainte Vierge pendant l'apparition Il est arrivé seul, et la sueur qui ruisselait sur son front, dénotait qu'il avait marché rapidement. Il avait été en effet un peu retardé par ses occupations, et il avait hâté le pas, craignant de se trouver en retard. Une trentaine de personnes étaient réunies chez Berguille. Il a affirmé sa guérison miraculeuse en présence de tous les assistants, et chacun a pu constater la netteté de sa vue. Il s'est trouvé cependant parmi les témoins des esprits assez obstinés pour contester la guérison. On a prétendu, malgré son affirmation et le rapport des médecins et du public, que Délas n'était pas aveugle. Il ne faut pas s'en étonner, lorsqu'on songe que les Juifs ne voulaient pas admettre la résurrection de Lazare, enseveli depuis quatre jours.

Mais toutes les négations de l'incrédulité ne sauraient détruire un fait palpable, et les adversaires de Fontet doivent en prendre leur parti : Délas, aveugle depuis plusieurs années, a été guéri le 2 août par Notre-Dame de Fontet ; c'est incontestable.

Je dois ajouter que Délas a témoigné, le 6 août, publiquement, sa reconnaissance envers la Sainte Vierge, il a prié longtemps devant la petite statue, témoin de sa guérison, et ses larmes ont attesté la sincérité de ses sentiments.

Et maintenant que faut-il conclure ? L'autorité religieuse est encore dans l'indécision. Son Em. le cardinal archevêque de Bordeaux disait, il y a quelques jours, aux prêtres du diocèse réunis pour la retraite ecclésiastique : « Messieurs, je vous recommande la plus grande réserve dans la question de Fontet ; nous nous en occupons sérieusement, et nous ne sommes pas encore en état de nous prononcer. » Hélas ! ce sage conseil n'a pas tardé à être méconnu. Voici ce que vient de m'écrire un de mes amis, témoin oculaire et auriculaire du fait : « le Père Morin a fait hier (5 août), publiquement, dans la chapelle Margaux une *troisième* charge en douze temps contre Berguille, prétendant que les manifestations de Fontet étaient de la duperie, de la jonglerie ou de la diablerie. »

Qu'on me permette à ce sujet quelques réflexions. N'est-il pas déplorable de voir un prêtre, un religieux transformer ainsi la chaire chrétienne en tribune de coterie et porter la diffamation au pied des autels ? Les fidèles en sont grandement scandalisés, et il faut que la haine de Berguille aveugle singulièrement le pauvre Père, pour qu'il n'aperçoive pas la gravité de sa conduite. De quel droit en effet se porte-t-il l'accusateur de Berguille, alors que l'autorité ecclésiastique se tait ? Quoi ! tandis que l'évêque déclare ne pouvoir formuler encore aucun jugement, un simple prêtre viendra trancher la question de sa propre autorité !

Et comment la tranche-t-il? — « C'est, dit-il, de la duperie, de la jonglerie ou de la diablerie. » C'est-à-dire, mon Révérend Père, que vous ne savez pas ce que c'est. Puisque vous ne le savez pas, pourquoi vous permettez-vous de tourner en ridicule ceux qui croient au surnaturel divin ? Ceux-là du moins savent ce qu'ils croient. Pourquoi surtout vous permettez-vous de calomnier Berguille ? Est-ce que la calomnie est permise, parce qu'elle descend du haut de la chaire ? Vous ferez un crime à un simple fidèle d'un propos calomnieux, vous exigerez de lui une réparation, et vous, ministre du Dieu de vérité et de charité, vous oserez diffamer publiquement, en face du tabernacle, une pauvre femme sans défense ? Vous avez la manche large..... pour vous, mon Révérend Père. Quelque odieuse que soit votre conduite, Berguille vous pardonne. Mais ma conscience indignée proteste contre vos diffamations. Berguille, sachez-le bien, n'est ni fourbe, ni comédienne. Ceux qui la connaissent savent parfaitement qu'elle est incapable de supercherie. Comment admettre d'ailleurs qu'elle ait pu tromper le public pendant deux ans, sans qu'un des innombrables témoins de ses prétendues jongleries ait pu découvrir l'imposture ? Quelque habile comédienne que vous la supposiez, vous n'expliquerez pas non plus, par cette hypothèse, l'insensibilité de l'extase, reconnue d'une manière incontestable par les médecins eux-mêmes. Ainsi votre accusation de duperie ou de jonglerie est aussi ridicule qu'odieuse.

Mais c'est peut-être diabolique, dites-vous. Vous êtes donc plus habile que votre archevêque, qui ne voit pas du tout cela ? C'est diabolique ! Il ne suffit pas de le dire, mon Révérend Père, il faut le prouver. Parmi les personnes qui croient au surnaturel divin dans les manifestations de Fontet, il y en a qui ne manquent ni d'intelligence, ni de piété, ni de science ; leur affirmation vaut la vôtre.

Vous avez oublié une autre hypothèse, mon Révérend Père ; vous auriez pu dire que Berguille était malade. D'autres l'ont prétendu ; ce moyen de défense pourra vous servir dans l'occasion. En attendant, je renouvelle mes protestations contre l'abus scandaleux que vous faites de la chaire chrétienne, et je vous abandonne aux censures de l'Eglise.

Dans l'explication des événements de Fontet, quatre hypothèses sont en présence : 1° la supercherie ; 2° la maladie ; 3° la diablerie ; 4° le surnaturel divin.

J'ai déjà fait voir combien la première hypothèse est insoutenable. Elle n'est guère admise d'ailleurs que par des personnes profondément ignorantes des éléments du problème.

Celle de maladie n'est pas plus admissible. Parmi les médecins qui ont visité Berguille, plusieurs reconnaissent le surnaturel. Ceux qui s'obstinent à voir dans cet état extraordinaire une maladie, sont incapables de désigner la nature de la maladie. Malheureusement, la tendance matérialiste de la science médicale à notre époque ne permet pas en général aux médecins de discerner la vérité, lorsqu'ils se trouvent en présence d'un cas surnaturel. Comment reconnaîtraient-ils le surnaturel, lorsqu'ils n'y croient pas? Ils sont bien forcés de chercher une explication dans l'ordre des phénomènes physiques. Aussi ne faut-il pas attacher une trop grande importance au témoignage de la science médicale dans les faits où le surnaturel est en jeu. Quoi que puissent dire les docteurs, un esprit sérieux, tant soit peu versé dans la connaissance des sciences naturelles, ne verra jamais une maladie dans le crucifiement et les extases de Berguille, se reproduisant périodiquement toutes les semaines, au jour marqué par les souffrances du Sauveur, sans altération préalable ni consécutive des forces vitales.

Les deux seules hypothèses qui méritent la discussion sont celles de diablerie et de surnaturel divin. J'ai démontré dans cet opuscule et dans mes précédents écrits qu'il fallait écarter la première hypothèse ; reste donc la dernière, seule admissible, d'où il faut conclure que les manifestations de Fontet sont dues à l'intervention divine.

Comme cette proposition est fondamentale, je vais tâcher de l'appuyer encore par une preuve nouvelle tirée des paroles de Berguille.

Un des signes les moins équivoques des révélations divines se trouve dans les dispositions intimes de l'âme favorisée de ces révélations. Si les communications surnaturelles ont pour effet de lui inspirer des sentiments vraiment chrétiens, de développer en elle des vertus célestes, telles que l'humilité, la charité, la patience, la résignation, l'obéissance, la soumission à la volonté de

Dieu, la reconnaissance, la contrition, le détachement des créatures, l'amour divin, on ne saurait contester l'origine divine des révélations. Car. selon la parole du divin maître, un mauvais arbre ne peut produire de bons fruits. Or, ce caractère se rencontre d'une manière saisissante dans les paroles que Berguille prononce durant l'extase. sous l'influence de l'esprit surnaturel. Pour s'en convaincre, il suffit de parcourir attentivement ces paroles ; elles révèlent toutes les vertus que je viens de mentionner.

Prenons, par exemple, l'humilité, vertu fondamentale du christianisme, en opposition directe avec la nature diabolique. Il n'y a peut-être pas une extase où elle n'apparaisse clairement. Je vais citer quelques-unes des paroles de Berguille qui la mettent en évidence :

« Je ne suis pas digne, mais je vous demande cette grâce. — O ma bonne Mère, c'est la plus indigne de vos enfants qui vous demande cela. — Oui. Sainte Vierge, je suis indigne de vous demander cette grâce. — Oh ! donnez-moi la force, le courage, l'humilité, je vous le demande par le mérite de vos souffrances et pour votre plus grande gloire. — Oh ! non, je ne mérite pas ; oh ! si indigne créature ! — *Oui, je ne vous demande rien pour moi que l'humilité.* — Oui l'humilité surtout, je vous la demande, Seigneur. — Oui. la charité, l'humilité, je vous demande cela. — C'est une de vos indignes enfants qui vous demande cela. — Intercédez pour moi, misérable créature. Oh ! je vous demande l'humilité, la charité. — O mon adorable Jésus, ce sont encore mes péchés qui me font tomber. — Oh ! oui, la charité, l'humilité, ô mon Dieu, je vous le demande. — Oui, je suis bien indigne, je suis la plus indigne des créatures. — Ayez pitié de cette grande pécheresse. — Oh ! oui, c'est l'orgueil qui nous perd. — Oh ! oui, Seigneur, l'humilité. — Je demande l'humilité. — Oh ! l'humilité, mon Dieu. — Oh ! oui, je suis la plus indigne de vos enfants. — O mon Dieu, je suis bien indigne de paraître devant vous. — Oh ! oui, l'humilité. — Je suis la plus indigne créature de la terre, mon Dieu. — Oh ! pauvre sœur (Marie-Julie), ce n'est que par l'humilité que nous vaincrons. — Oh ! je suis bien indigne de vous demander ces grâces. Oh ! oui, l'humilité. — *Oh ! je vous remercie beaucoup de cette épreuve et de cette humiliation.* — Oh ! je vous demande la lumière pour eux, et la résignation et l'humilité pour moi. — Oh ! l'humilité pour moi, mon Dieu. »

Je me suis étendu longuement sur ces citations, pour mettre hors de doute les sentiments d'humilité de Berguille ; c'est un caractère évident et incontestable de l'action divine.

En parcourant les paroles des extases, on pourra vérifier également les sentiments de patience, de résignation, de parfaite soumission à la volonté divine, d'obéissance, de contrition, de reconnaissance, etc., qui remplissent l'âme de la Voyante.

J'insisterai spécialement sur la charité et l'amour divin qui brillent d'une manière éclatante dans ses paroles. Voici quelques citations qui le prouveront surabondamment.

« O ma bonne Mère, je voudrais vous aider à souffrir. — Je te salue avec respect et amour, ô croix de Notre Sauveur. — Oui, c'est par ce Sacré-Cœur que vous nous avez tant aimés, et que je voudrais faire aimer. — *Seigneur, ôtez tout ce qui pourrait mettre obstacle à votre règne dans mon* cœur. — Oh ! oui, que cette croix me serve à me rapprocher de vous. — Cette soif si ardente que vous souffrez pour nous, oui je veux en ressentir un peu. — Oui, je voudrais, ma bonne Mère, que tout le monde vît tomber vos larmes ; ils seraient peut-être touchés. — O Seigneur, venir jusqu'ici pour implorer et prier !... oh ! oui, vous voulez bien nous guérir ! oh ! que votre bonté est grande, votre miséricorde infinie !... oui, vous descendez dans tous les coins de cette misérable terre. — *Eloignez de moi, Seigneur, tout ce qui peut m'éloigner de vous.* — O divin Agneau, ce ne serait pas à vous à endurer ces tourments, ce serait à nous.—Oui, imprimez dans mon cœur ce feu sacré. — Oui, je voudrais que mon cœur fût aussi embrasé de cet amour. — Eloignez de vous tout ce qui pourrait blesser votre cœur, ô mon adorable Jésus. — Oh ! comme je voudrais vous aimer et vous faire aimer, ô ma bonne Mère. — *Oh ! purifiez-moi, mon Dieu, que rien ne porte obstacle à votre regne dans mon cœur.* — O mon Dieu, je ne voudrais faire qu'une victime avec vous. — Oui, je vous le demande encore, éloignez de moi tout ce qui pourrait m'éloigner de vous, je vous en supplie. — *Oh ! oui, mon Dieu, quelle horreur si je consentais à vous offenser, après avoir vu ce que je vois.* — Oh ! oui, mon adorable Jésus, que votre nom soit béni et loué à jamais. — Oh ! oui, mon Dieu, que je voudrais vous aimer et vous faire aimer ! — Oh ! changez mon cœur, ô Jésus, afin qu'il devienne semblable au vôtre. »

Je pourrais multiplier les citations de ce genre, mais celles que je viens d'indiquer suffisent pour montrer combien l'âme de Berguille est embrasée par l'amour divin.

Dans une âme vraiment chrétienne l'amour du prochain ne se sépare pas de l'amour de

Dieu. On doit donc s'attendre à le retrouver également dans les paroles de la Voyante. Sa charité embrasse l'univers entier. Elle prie pour l'Eglise, pour le Pape, pour la France, pour son archevêque, pour son directeur, pour tous ses frères égarés, pour les âmes du purgatoire, pour tout le clergé, pour ses amis, mais surtout pour ses ennemis. Voici quelques-unes de ses paroles relatives au sujet qui nous occupe :

« Oui, Seigneur, je le demande pour mes amis, mais *surtout pour mes ennemis*; pardonnez-leur, Seigneur. — Oui, Seigneur, délivrez les âmes qui souffrent dans le purgatoire. — Oui, Seigneur, nous prierons pour le clergé. — O Sainte Vierge, je voudrais vous aider à retenir ce bras si irrité contre nous. Si je le pouvais de mes larmes et de mes prières! — Oui, pour Monseigneur notre archevêque. — Oui, pour mon directeur et ceux que j'aurai à l'avenir. — Oh! oui, pardonnez à tous mes *ennemis*, je vous en supplie. — Oh! oui, surtout pour mes amis et mes *ennemis*. — O mon Dieu, je vous l'offre pour ces pauvres âmes qui souffrent dans le purgatoire. — Intercédez pour nous, en particulier pour Monseigneur, éclairez-le, je vous en supplie. — Oui, en particulier pour M<sup>gr</sup> notre archevêque, éclairez-le, je vous en supplie. — Oh! oui, nous prierons pour tous ces frères égarés. — *O victime adorable, ô mon Jésus, oui, je suis prête à tout souffrir et même à mourir, s'il le faut, pour la conversion des pécheurs.* — Je vous le demande pour tous mes amis, mais surtout pour tous mes *ennemis*. — Oh! si mes souffrances pouvaient servir à convertir quelques pécheurs! — Je vous l'offre cette soif, mon Dieu, pour pénitence. — O Vierge sainte, demandez grâce à votre cher Fils pour tous, et en particulier pour cette jeunesse si corrompue... Un jour viendra où on demandera grâce, mais il sera trop tard. — J'irai au devant de mes *ennemis*, pour faire triompher votre grâce. »

Je borne là mes citations; elles suffisent amplement pour édifier mes lecteurs sur la charité de Berguille.

Le don prophétique de la Voyante ressort aussi clairement de ses paroles :

« Oh! oui, je la vois, cette belle fleur, ce lis blanc qui fleurit sur toute la terre. — Oh! oui, mon Dieu, éloignez ces fléaux encore, cette peste, cette famine... oui nous ferons pénitence. — Oh! oui, Reine immaculée des Anges, ce sont nos blasphèmes et la profanation de ce saint jour. — Oh! cette belle patrie, qui vous a été si chère!... Oh! oui, ce sera comme un coup de foudre. — Oh! oui, bonne Mère, puisque c'est dans ce même lieu que vous voulez être honorée sous ce beau titre : Reine immaculée des Anges, Notre-Dame de Fontet... Oh! oui, dans ce beau jour, quel triomphe, ô Marie... Oh! oui, les grâces couleront en abondance. — Oui, en ce moment, les malheurs vont encore fondre sur nous... On ferme les yeux à la lumière... Oh! oui, j'ai mon cœur qui tremble à la vue de ces tristes jours, mon Dieu... Oh! que vous êtes bon, ô mon Dieu, de nous avertir ainsi!... Oh! que de deuil et de tristesse partout!... Ce n'est pas seulement en France, mais dans le monde entier. — Oh! ce temps de calamités que nous allons traverser! — Oh! oui, oh! encore ces châtiments terribles! Oh! oui, ces trois châtiments, éloignez-les, je vous en supplie... Oh! oui, je les vois arriver, mon Dieu... Oh! que vous êtes bon de nous avertir! Oh! quelle irrévérence de ne pas vous écouter! — Oh! oui, prières, pénitences, sacrifices, mon

Dieu... pour l'Espagne, l'Italie, la Russie, et en particulier la France. — Oh! oui, le triomphe prochain de la sainte Église. — Oh! oui, encore ces blasphèmes, cette profanation! mon Dieu, pardonnez-leur. — Oh! que de larmes qui coulent, mon Dieu! Oh! oui, toutes ces créatures qui se perdent encore. — Oui, c'est à mesure que les événements approchent, que nos souffrances redoublent. — Oh! oui, ces prédictions malheureuses qui s'accomplissent. — O Notre-Dame de la Salette, priez pour nous. — Oh! oui, bonne Mère, vous avez parcouru et vous parcourez encore le monde entier pour nous faire ouvrir les yeux... O Vierge sa nte, quelle bonté! Oh! vous quittez encore ce beau ciel pour descendre sur cette maudite terre! oh! c'est pour sauver le peuple. *Ce n'est que par vous qu'on peut aller à Jésus.* — Oh! éloignez-la, cette famine. — Oh! oui, c'est par ce Sacré-Cœur que vous voulez nous sauver. — Oh! que de grâces qui se perdent! (parce qu'on ne veut pas croire aux révélations de Fontet.) »

Mais en voilà assez pour ce sujet. Il est évident que de semblables vertus, poussées au degré que l'on constate dans les paroles de Berguille, ne peuvent être le fruit des inspirations diaboliques.

Il existe enfin une dernière preuve irréfragable de l'action divine dans les événements de Fontet, c'est la lutte terrible que Berguille a eu à soutenir plusieurs fois contre le démon pendant ses extases, lutte dont elle est toujours sortie triomphante, par la grâce de Dieu. Je vais rappeler ici les scènes principales où cette lutte se révèle. On y verra toute la rage du démon contre Berguille, et le courage vraiment héroïque avec lequel cette humble femme sait vaincre les assauts de l'enfer.

« O mon adorable Jésus, comme l'enfer est irrité contre l'Eglise ! — Le démon est bien irrité contre elles, Seigneur (Palma et Louise Lateau). — Ne me laissez pas succomber entre les mains de mon ennemi (le démon), qui me fait tant souffrir... Oh ! je sais bien qu'avec votre grâce je le vaincrai, Seigneur... Oh ! ce grand trompeur ! — Oui, mon Dieu, faites-leur grâce à ces pauvres âmes... Le démon dit qu'il lui faut toujours des âmes. — Oui, pour toutes ces sociétés que le monstre infernal a tant agitées et qu'il agite toujours, pour empêcher leur conversion. — Oh ! c'est bien pour votre gloire, ô mon Dieu, que je veux souffrir, ce n'est pas pour lui (le démon).

« O mon Dieu, il veille le moment de me faire succomber... Oh ! il veut me la faire payer bien cher, ô mon Dieu... Oh ! avec ça, oui (elle prend un crucifix)... Oh ! non, ce n'est pas toi qui m'en feras sortir (de la croix).....

« O Sainte Vierge, ayez pitié de moi, donnez-moi le courage, je vous en supplie... Oh ! vous savez bien que vous pouvez le chasser... Oh ! quel terrible moment ! quelle épreuve ! Oh ! ne me laissez pas succomber... Oh ! il est là prêt à tomber sur moi, ne m'abandonnez pas... Oh ! non, non, non, tu ne me sortiras pas de là (de la croix)... O mon Dieu, venez à mon secours, je vous en supplie... Oh ! il revient avec le feu !... Oh ! quelle secousse, mon Dieu... Oh ! cette main !... Oh ! tu veux m'étrangler !... Oh ! tu ne me toucheras pas... Tu la vois (la croix qu'elle tient à la main)? Avec la grâce de Dieu, je te défends de la toucher... Oh ! quelle rage !... Si tu es mon ange, oh ! baise cette croix (elle présente la croix au

démon qui lui apparaît sous la forme d'un ange)…
Oh! ne la touche pas… Oh! non, je ne t'obéis
pas, non je ne sortirai pas par ta voix… Retire-
toi… Tu peux cracher, faire des grimaces, oh!
je ne te crains pas, non… Retire-toi… Mon Dieu,
ne m'abandonnez pas, je vous en supplie. »

Je ne parlerai pas ici de la lutte épouvantable
que Berguille eut à soutenir contre le démon, le
25 mai ; je renvoie mes lecteurs au récit que
j'en ai fait à propos de la manifestation du 21
mai. Je vais reproduire la scène relative à la
manifestation du 28 mai.

« O Sainte Vierge, qui avez le pouvoir de lui
écraser la tête, oui, j'ai confiance en vous, oui, c'est
en vous seule que j'ai mon espoir… Oh! oui, sans
vous, je ne résisterais pas. (Elle fait le signe de la
croix.) Oh! quel combat terrible! quelle furie!
Mon Dieu, venez à mon secours… Oh! je m'abandonne entièrement à vous, faites de moi ce que
vous voudrez… Non, tu ne la toucheras pas, tu
ne réussiras pas… Au nom du bon Dieu et de la
sainte Eglise, retire-toi… Mon Dieu, ne me laissez pas succomber.

« Oh! je ne sortirai pas… Eh bien! oui, je
mourrai là, je ne sortirai pas… Oh! tu ne la brûleras pas, non… O Sainte Vierge Marie, ne m'a-
bandonnez pas, oh! soutenez-moi dans ces épreuves, dans ces cruels combats… Oui, je te le dis, au
nom du bon Dieu et de la Sainte Vierge… Oh!
quelle furie! ô mon Dieu… Encore tu voudrais me
brûler les yeux ! (On jette de l'eau bénite.) Ah! tu
t'échappes! Oh! quelle grimace! Oh! je ne te crains
pas, non… O Sainte Marie… Oh! je vous remercie, ô mon Dieu, de m'avoir sortie de cette lutte…
Oh! quelle épreuve! »

Voici encore quelques paroles remarquables prononcées par Berguille, au sujet du démon, dans les dernières manifestations :

« Oh ! le démon est bien irrité contre nous ! (Elle s'adresse à Marie-Julie.) Il fait de grands ravages… *Il est prêt à être enchaîné.* — Prions, pour combattre ce démon acharné.

« Oui, chassez-les, tous ces démons. Oh ! ils ne feront pas tomber votre œuvre, ô Sainte Vierge… (Il s'agit de l'œuvre de Fontet.) Oh ! je sais que depuis le commencement vous avez le pouvoir de lui écraser la tête, vous l'aurez jusqu'à la fin des siècles. »

Et, maintenant, qu'on dise si le démon s'entend avec Berguille et s'il est l'auteur des manifestations de Fontet.

Je crois avoir prouvé surabondamment, par tout ce qui précède, la divinité des apparitions de Fontet. Je ne me flatte pas de pouvoir convaincre tous les esprits. Mais je m'estimerai suffisamment récompensé de mes efforts, si je puis faire du bien à quelques âmes, fournir à l'autorité ecclésiastique quelque lumière et glorifier ma Mère bien-aimée, la Reine immaculée des Anges. Je terminerai par une parole que la Sainte Vierge s'est plu à répéter bien des fois à Berguille : « Heureux ceux qui croient ! »

Salut à la Reine immaculée des Anges, Notre-Dame de Fontet !

# APPENDICE.

Les manifestations continuent à Fontet, avec les caractères généraux que j'ai signalés dans le cours de cet opuscule. Je pourrais ajouter ici les paroles prononcées par Berguille, les 6 et 13 août ; mais elles n'apprendraient rien de nouveau à mes lecteurs ; je dirai quelques mots seulement de l'apparition du 15 août, fête de l'Assomption.

Il était environ huit heures du soir ; Berguille se trouvait dans la chambre miraculeuse, entourée d'une quinzaine de personnes, lorsqu'elle a aperçu tout à coup la lumière qui précède les apparitions. « La Sainte Vierge va venir, s'est-elle écriée, je vois la lumière. » Aussitôt l'assistance s'est mise en prière. La divine Mère est apparue, en effet, et Berguille, à genoux devant sa petite chapelle, est tombée en extase. L'apparition a duré plus d'une heure. Pendant tout ce temps, Berguille s'est entretenue avec la Très-Sainte Vierge, mais les assistants n'ont entendu que quelques mots, dont il était impossible de préciser le sens. La Voyante a reçu des révélations importantes. Malheureusement, elle ne peut rien dire. L'autorité religieuse l'a condamnée au silence, et elle se soumet avec la plus entière

obéissance à cette décision. L'interdit qui pèse
sur Berguille contriste vivement les fidèles; espérons qu'il sera bientôt levé, et que l'autorité
ecclésiastique, éclairée par une enquête sérieuse,
ne mettra plus d'obstacle aux communications
du Ciel.


Le 18 août 1875.

# NOTES

---

## NOTE I

*Copie d'une lettre écrite par la supérieure des Clarisses d'Assise (Italie), au mois d'août 1874.*

La personne désignée sous le nom de Mathilde est la fille du comte de Ned...., morte à Rome en odeur de sainteté, en 1807.

Le dernier dimanche de juin eut lieu, dans notre église, la fête ordinaire en l'honneur du Sacré-Cœur de Jésus. Une religieuse, après la communion, vit mentalement une âme glorieuse et resplendissante qui lui parla ainsi : « Je suis Mathilde, victime du Sacré-Cœur de Jésus. Par la vertu divine, je suis présente dans tous les lieux où l'on honore plus particulièrement le Sacré-Cœur de Jésus, afin que, par la vertu d'un grand nombre de prières, on obtienne que *l'âme très-sainte de Jésus* apaise la colère du divin Père. Voyez en compagnie de qui je suis. Regardez attentivement le Saint-Ciboire. » La religieuse se trouva alors comme près du Tabernacle ; elle vit, là, le séraphique Père saint François et la séraphique Mère sainte Claire, au milieu desquels se trouvait la bien-aimée victime du Cœur divin, Mathilde, revêtue de splendeur. Des rayons de lumière, qui se dirigeaient vers le Saint-Ciboire, sortaient de sa poitrine ; on aurait dit que le Saint-Ciboire brûlait. Mathilde dit : « J'ai eu une grande dévotion envers ces deux grands saints, parce qu'ils ont été les premiers amants du cœur et de l'âme sainte de Jésus-Christ dans le Très-Saint-Sacrement. L'âme très-sainte de Jésus-Christ est unie à son cœur ; la Très-Sainte Vierge ne s'en sépare jamais. Je vous prie de joindre toujours à la dévotion du Sacré-Cœur celle de l'âme très-sainte de Jésus Rédempteur, qui, comme une hostie de propitiation, s'offre au Père Éternel pour l'expiation de tant de péchés qu'on commet sur la terre. Le divin Père est sur le point de décharger sur la terre les terribles fléaux de sa juste colère, mais le cœur et l'âme très-sainte de Jésus, comme hostie de propitiation, arrêtent jusqu'ici les châtiments. Le temps de l'expiation approche. La Vierge Marie a donné des avis, afin que l'on fasse pénitence, mais le nombre de ceux qui croient fermement ces choses, est petit. Malheur aux incrédules ! » La religieuse qui écoutait cela recommanda à Mathilde le comte de N.... son père, afin qu'il soit préservé dans l'âme et dans le corps pendant cette terrible catastrophe. Mathilde répondit : « Les lumières et les conseils ne manqueront pas à mon père, mais dites-lui qu'il joigne à la dévotion du Sacré-Cœur celle de l'*âme très-sainte de Jésus*. Qu'il continue à vivre comme il fait, et qu'il ne craigne rien. »

(*Extrait de la Revue Franciscaine*, juillet 1875.)

## NOTE II

La paroisse de Mourens, appelée aussi Mourens-et-Monpezat, parce qu'elle est formée par la réunion des deux anciennes paroisses de Mourens et de Monpezat, autrefois séparées, se trouve, comme Fontet, dans l'arrondissement de La Réole. Elle comprend environ cinq cents âmes. L'église paroissiale appartient à la section de Mourens ; elle est sous le vocable de Saint-Martin. La section de Monpezat conserve encore son ancienne église. Jadis florissante et dédiée à Notre-Dame de Bon-Secours, dont la dévotion attirait dans ces lieux bénis de nombreux pèlerins, elle est aujourd'hui à peu près abandonnée.

Rien ne distinguait Mourens des paroisses environnantes, si ce n'est peut-être l'indifférence des habitants aux pratiques religieuses, lorsqu'un événement imprévu vint changer les dispositions des esprits. On apprit un jour qu'une humble femme nommée Seconde, simple, pauvre, pieuse, mère de famille, comme Berguille, avait des visions mystérieuses. Un personnage inconnu, portant sous des vêtements grossiers un visage et des manières pleins de dignité et de grandeur, se présentait à l'improviste chez la Voyante, et ses discours, empreints d'une mansuétude céleste, l'exhortaient à la charité et à la prière. Ses recommandations portaient spécialement sur la pratique du chapelet et la dévotion à saint Joseph. Lui-même, joignant l'exemple aux préceptes, ne dédaignait pas de se mettre à genoux dans la modeste chambre de Seconde, et il récitait avec elle les prières usuelles de l'Eglise. Il ne m'appartient pas de faire ici le récit de ces merveilleuses apparitions. Je me borne à constater qu'elles ont produit dans la paroisse des fruits nombreux de bénédiction et de salut. De semblables résultats ne pouvaient guère laisser de doute sur la nature des apparitions ; car, selon la parole du divin Maître, un mauvais arbre ne saurait produire de bons fruits. On a voulu néanmoins consulter le ciel, et l'on a prié Berguille de demander à la Sainte Vierge quel était le personnage mystérieux de Mourens? La Sainte Vierge a répondu, en souriant, qu'il venait du ciel. Quelque temps après, Notre-Seigneur a manifesté a Berguille qu'il était lui-même ce personnage céleste, et, comme preuve de la réalité de cette manifestation, il a laissé tomber une goutte de sang de sa tête couronnée d'épines sur une gravure que la Voyante lui présentait.

On connaîtra plus tard les faits qui se rattachent aux apparitions de Mourens. Ils sont extrêmement édifiants. Pour le moment, Notre-Seigneur a recommandé à Seconde de ne pas trop les divulguer, parce qu'ils ne feraient qu'exciter la risée du peuple, qui a perdu aujourd'hui presque complétement le sens du surnaturel, et provoqueraient des offenses contre la divine Majesté. Un jour viendra où les fidèles, purifiés par les terribles châtiments de la justice divine, et moins aveuglés par les jouissances matérielles, recevront avec joie cette lumière qui brille dans le monde, et que les hommes repoussent aujourd'hui obstinément. On sera revenu alors à la foi simple et naïve du moyen-âge, époque si calomniée parce qu'elle était chrétienne, et qui a produit de si grandes choses ; à cette foi simple et naïve que le Sauveur aime tant et qu'il a exaltée par ces paroles mémorables : « Je vous déclare que si vous ne ressemblez à de petits enfants, vous n'entrerez point dans le royaume des cieux. »

# NOTE III

Le berger de Fontet a voulu écrire lui-même le récit du prodige dont il a été témoin sur la maison de Berguille.

*Voici la copie exacte de cet écrit, curieux à plus d'un titre :*

## L'Année 1875.

Dans la nuit du 25 mai, une belle chose m'a aparu sur la maison de Berguille. C'est une chose admirable, la plus belle chose qu'on puisse avoir vu dans le monde. Cettait une colonne bleu et rouge entouré d'étoilles brillantes ou bien des petits anges qui brillait autour de cette colonne, cettait une chose à se perdre de regarder cela, sa vous attirait d'aller prendre sa entre ses bras. J'ai parlé de cela à Berguille, elle ma dit quelle lavait vu trois fois entourée des petits anges.

Fontet, le 16 juillet 1875.

STIRLIN, berger.

# NOTE IV

*Certificat du docteur Duprada, attestant la cécité complète
du sieur Délas.*

Je, soussigné, certifie que le sieur Délas Pierre, âgé de
trente-huit ans, habitant la commune de Bourdelles, est
atteint de cécité complète, suite d'amaurose.

Le sieur Délas est marié et père de trois enfants.

En foi de quoi j'ai donné le présent certificat.

La Réole, 30 décembre 1872.

(Signé) : D' DUPRADA.

Vu à Bourdelles,

*Le Maire,*

(Signé) : PAULY.

(Sceau de la Mairie.)

## NOTE V

Je reproduis ici, pour l'édification de mes lecteurs, un extrait d'un article que le regretté M. Girard a publié dans la *Terre Sainte*, au mois de janvier dernier :

« Maintenant, passons à Fontet. Il est évident qu'une des prédictions de la pieuse Berguille ne s'est pas réalisée. Mais qu'il y ait eu de la part de Berguille en cette circonstance ou une illusion, ou une fausse interprétation, ou un oubli d'une révélation antérieure, ou ce que l'on voudra, cela ne peut nuire à ce qu'il y a de divin à Fontet, ni détruire notre confiance. On sait bien que la mystique divine ne se produit jamais sans le conflit de la mystique diabolique et de la mystique humaine. Bien plus, on ne connaît pas une âme, introduite par la grâce dans cette voie extraordinaire, que le démon ne se soit efforcé de tromper, de dévoyer et d'illusionner. Ainsi l'intervention du démon à Fontet serait une des meilleures preuves en faveur de Berguille, aussitôt qu'il est constant que ce n'est point une femme sujette à des écarts d'imagination, ou à une maladie quelconque pouvant produire de près ou de loin les effets qu'on remarque, ni une hallucinée atteinte de délire ou de folie ; qu'enfin sa moralité, sa piété, sa conduite de fille, d'épouse et de mère, ont toujours été irréprochables, et qu'on ne saurait mettre en question sa bonne foi. Ajoutons qu'on est insensé quand on ose dire que Berguille est le jouet d'un magnétiseur ou d'un spirite. Nous avons voulu nous rendre compte de toutes ces suppositions, et pas une n'est soutenable. Aussi on ne doit pas trop se préoccuper d'une prédiction qui ne s'est pas accomplie. Sainte Brigitte ne se plaignait-elle pas à Dieu de ce qu'il ne réalisait pas toujours ses prophéties et le vénérable curé d'Ars ne s'est-il pas trompé plus d'une fois ? Cependant qui doute de leur sainteté et du don de prophétie qu'ils avaient à un haut degré ?

« Nous savons bien qu'un certain Bordelais, marchand de vins, s'est insurgé contre la conviction presque unanime des personnes sérieuses qui ont assisté depuis deux ans, en nombre incroyable, aux extases de Berguille. Mais quel effet peuvent produire quelques voix discordantes, sinon celui de faire mieux apprécier le mérite des autres ? D'abord ce Bordelais s'est déguisé sous plusieurs pseudonymes pour mieux se risquer à soutenir que le diable, et non pas Dieu, agit à Fontet. Ensuite les contradictions et les erreurs qu'il insère dans son premier opuscule sont telles que nous avons dû en exposer quelques-unes à nos lecteurs ; et nous avouons sincèrement qu'après avoir lu ses deux dernières élucubrations, nous ne pouvons plus traiter sérieusement cet individu. On nous croira facilement quand on saura qu'il veut rivaliser avec l'abbé Gratry, qui se croyait inspiré pour composer ses pamphlets contre l'infaillibilité. Dans une lettre très-importante que nous avons lue et dont copie nous est transmise, il avoue gravement que dans cette affaire *il obéit irrésistiblement à une voix intérieure*. Vraiment ! nous ne comprenons plus qu'avant de lui laisser publier ses excentricités, l'abbé Morin n'ait pas exorcisé son malheureux partenaire. Il faut alors que sur son enseigne de débitant de vins, M. Clauchai-Larsenal tienne absolument à ajouter son titre d'*avocat du diable*, qu'il se réserve déjà dans ses lettres et ses publications. Ajoutons que ce qu'il écrit ou ce qu'on lui fait signer, si nous retranchons quelques citations, parfois mal comprises, est sans portée, qu'on reste stupéfait de voir le prétentieux le disputer à l'inconséquent....

« On regrette vivement d'être en présence, au sujet de Fontet, d'un si pauvre *avocat du diable;* mais il y a un docteur à Saintes qui le dépasse ?

« C'est muni de toutes les diatribes des opposants et de leurs assertions que nous nous sommes transporté, le 14 janvier, pour la seconde fois à Fontet. Nous avions déjà en décembre étudié pendant quatre jours Berguille, et nous pensons sur l'honneur que tout ce que nous avons vu, que tout ce que nous avons appris de témoins vraiment honorables, non-seulement s'élève contre les folles et coupables inventions de ces opposants, mais nous a confirmé dans notre confiance première, *jusqu'à ce que l'Eglise la condamne.* »

FIN

www.ingramcontent.com/pod-product-compliance
Ingram Content Group UK Ltd.
Pitfield, Milton Keynes, MK11 3LW, UK
UKHW022229120726
13694UKWH00002B/763